Günther Koch

Lyrik locker verstehen

Gedichte mit einfachen Mitteln untersuchen

Der Autor

Dr. Günther Koch unterrichtete nach Abschluss des Hauptschullehramts in der bayerischen Landeshauptstadt München. Aktuell unterrichtet er am Staatsinstitut für die Ausbildung von Fachlehrkräften und hält Lehraufträge an verschiedenen Hochschulen.

1. Auflage 2022
© 2022 scolix, Hamburg

AAP Lehrerwelt GmbH
Veritaskai 3
21079 Hamburg
Telefon: +49 (0) 40325083-040
E-Mail: info@lehrerwelt.de
Geschäftsführung: Christian Glaser
USt-ID: DE 173 77 61 42
Register: AG Hamburg HRB/126335
Alle Rechte vorbehalten.

Das Werk als Ganzes sowie in seinen Teilen unterliegt dem deutschen Urheberrecht. Die Erwerbenden einer Einzellizenz des Werkes sind berechtigt, das Werk als Ganzes oder in seinen Teilen für den eigenen Gebrauch und den Einsatz im eigenen Präsenz- wie auch dem Distanzunterricht zu nutzen.
Produkte, die aufgrund ihres Bestimmungszweckes zur Vervielfältigung und Weitergabe zu Unterrichtszwecken gedacht sind (insbesondere Kopiervorlagen und Arbeitsblätter), dürfen zu Unterrichtszwecken vervielfältigt und weitergegeben werden.

Die Nutzung ist nur für den genannten Zweck gestattet, nicht jedoch für einen schulweiten Einsatz und Gebrauch, für die Weiterleitung an Dritte einschließlich weiterer Lehrkräfte, für die Veröffentlichung im Internet oder in (Schul-)Intranets oder einen weiteren kommerziellen Gebrauch.
Mit dem Kauf einer Schullizenz ist die Schule berechtigt, die Inhalte durch alle Lehrkräfte des Kollegiums der erwerbenden Schule sowie durch die Schülerinnen und Schüler der Schule und deren Eltern zu nutzen.

Nicht erlaubt ist die Weiterleitung der Inhalte an Lehrkräfte, Schülerinnen und Schüler, Eltern, andere Personen, soziale Netzwerke, Downloaddienste oder Ähnliches außerhalb der eigenen Schule.
Eine über den genannten Zweck hinausgehende Nutzung bedarf in jedem Fall der vorherigen schriftlichen Zustimmung des Verlags.
Sind Internetadressen in diesem Werk angegeben, wurden diese vom Verlag sorgfältig geprüft. Da wir auf die externen Seiten weder inhaltliche noch gestalterische Einflussmöglichkeiten haben, können wir nicht garantieren, dass die Inhalte zu einem späteren Zeitpunkt noch dieselben sind wie zum Zeitpunkt der Drucklegung. scolix übernimmt deshalb keine Gewähr für die Aktualität und den Inhalt dieser Internetseiten oder solcher, die mit ihnen verlinkt sind, und schließt jegliche Haftung aus.

Wir verwenden in unseren Werken eine genderneutrale Sprache. Wenn keine neutrale Formulierung möglich ist, nennen wir die weibliche und die männliche Form. In Fällen, in denen wir aufgrund einer besseren Lesbarkeit nur ein Geschlecht nennen können, achten wir darauf, den unterschiedlichen Geschlechtsidentitäten gleichermaßen gerecht zu werden.

Autorschaft:	Günther Koch
Redaktion:	Kathrin Roth
Covergestaltung:	TSA&B Werbeagentur GmbH, Hamburg
Coverfoto:	Alexander Ozerov/stock.adobe.com (Bildnr.: 3291378)
Satz:	Satzpunkt Ursula Ewert GmbH, Bayreuth
Druck und Bindung:	Druckerei Joh. Walch GmbH & Co. KG, Augsburg

ISBN: 978-3-403-10653-1
www.scolix.de

Inhaltsverzeichnis

Vorwort 4

Lyrik im Frühling
Johann Wolfgang von Goethe: Gefunden 5

Lyrik im Sommer
Erwin Moser: Gewitter 10
Theodor Storm: Abseits 13
Eduard Mörike: Auf einer Wanderung 18

Lyrik im Herbst
Herbststimmung beschreiben 20
Hermann Hesse: Im Nebel 21
Rainer Maria Rilke: Herbst 29
Rainer Maria Rilke: Herbsttag 34
Vergleich: Rainer Maria Rilke: Herbst und Herbsttag 36

Lyrik im Winter
Christian Morgenstern: Wenn es Winter wird 37

Handwerkszeug zur Gedichtanalyse
Reim und Reimschemata: Infoblatt 44
Das Reimschema erkennen: Vorgehen 46
Das Reimschema erkennen: Übung 47
Das Versmaß bestimmen: Infoblatt 50
Das Versmaß bestimmen: Übung 51
Übersicht über wichtige rhetorische Stilmittel 52
Rhetorische Mittel zuordnen 53
Rhetorische Mittel identifizieren 54
Checkliste: Gedichtinterpretation 56

Feedback zum Gedichtvortrag 56

Zu diesem Titel gibt es digitales Zusatzmaterial. Dabei handelt es sich um die (Muster-)Lösungen sowie Vorlagen mit Gedichten zur Weiterarbeit.

Vorwort

Liebe Kolleginnen und Kollegen,

Gedichte machen es unseren Schülerinnen und Schülern (und manchmal auch uns Deutschlehrkräften) nicht gerade leicht: Es gilt, sich mit sehr kurzen und prägnanten Texten auseinanderzusetzen, bei denen jedes einzelne Wort besonders bedeutsam sein kann. Dazu sind lyrische Texte hoch strukturiert und weichen bei der Anordnung von Wörtern, Wortgruppen oder Sätzen oft von dem ab, was wir gewohnt sind. Insbesondere bei Gedichten aus früheren Epochen kommt dazu, dass heutigen Kindern und Jugendlichen manche Konzepte und Begriffe völlig fremd sind.
Auch die Betrachtung von formalen Ausdrucksmitteln wie Reimschemata, Versmaß und rhetorischen Figuren sowie das Belegen von Aussagen am Text müssen immer wieder geübt werden.

Dieser Band soll im wahrsten Sinne des Wortes Grundlagen legen und Ihnen die Unterrichtsvorbereitung erleichtern. Dazu sind viele Arbeitsmaterialien inhaltlich differenziert, sodass Sie sowohl stärkeren als auch schwächeren Lernenden gezielte Angebote machen können.

Die Gedichtauswahl in diesem Band orientiert sich am Jahreslauf. So begleiten wir Johann Wolfgang von Goethe bei einem Waldspaziergang im Frühling, sind gemeinsam mit Erwin Moser fasziniert von einem heftigen Sommergewitter, sehen im Herbst mit Rainer Maria Rilke melancholisch zu, wie die Blätter fallen oder tummeln uns mit Christian Morgenstern im Winter an einem zugefrorenen See. Die ausgewählten Gedichte stammen also aus unterschiedlichen Epochen und von unterschiedlichen Dichtern.

Ziel des Bandes ist, dass die Schülerinnen und Schüler üben, sich mit Gedichten auseinanderzusetzen. Dabei wird die formale und inhaltliche Gedichtanalyse vorbereitet, aber auch die kreative Beschäftigung mit den Gedichten und das Schreiben eigener Texte kommen nicht zu kurz.

Im zweiten Teil des Bandes (Handwerkszeug zur Gedichtanalyse) finden Sie Infoblätter und Arbeitsvorlagen zu Fachbegriffen und grundlegenden Vorgehensweisen, z.B. zum Identifizieren des Reimschemas oder zum Bestimmen des Versmaßes. Verweise auf den Arbeitsblättern zu den Gedichten zeigen Ihnen, wo es sich anbietet, diese Handouts in Ihren Unterricht zu integrieren. Dieses Handwerkszeug ist bewusst allgemein gehalten, damit Sie es mit vielen lyrischen Texten kombinieren können.

Die Schülerinnen und Schüler setzen sich nicht nur einzeln mit den Gedichten auseinander, sondern haben immer wieder Gelegenheit, sich untereinander über das Gelesene und Erarbeitete auszutauschen. So erweitert sich ihre Perspektive und die für das tiefere Verständnis so wichtige Anschlusskommunikation wird gewährleistet.

Insbesondere bei der Gedichtanalyse gibt es oft keine 1:1-Lösungen. Dennoch steht für Sie ein kostenloser Lösungsteil zum Download bereit. Diese (Muster-)Lösungen unterstützen Sie oder die Lernenden dabei, die entstandenen Arbeitsergebnisse zu überprüfen und einzuschätzen.

Ich wünsche Ihnen schöne und ertragreiche Deutschstunden zum Thema „Gedichte". Und nun frisch ans Werk!

Günther Koch

Lyrik im Frühling

Johann Wolfgang von Goethe: Gefunden

für alle

In diesem Gedicht fehlen die Reimwörter. Ergänze sie. Die Wörter im Kasten helfen dir dabei. Vergleiche anschließend mit der Lösung.

fort ❀ aus ❀ stehn ❀ hin ❀ Haus ❀ sein ❀ Ort ❀ schön ❀ Sinn ❀ fein

Ich ging im Walde
So für mich _____,
Und nichts zu suchen,
Das war mein _____.

Im Schatten sah ich
Ein Blümchen _____,
Wie Sterne leuchtend,
Wie Äuglein _____.

Ich wollt es brechen
Da sagt' es _____:
Soll ich zum Welken
Gebrochen _____?

gatis_photo/stock.adobe.com

Ich grub's mit allen
Den Würzlein _____,
Zum Garten trug ich's
Am hübschen _____.

Und pflanzt es wieder
Am stillen _____;
Nun zweigt es immer
Und blüht so _____.

(aus: Goethe, Johann Wolfgang: Sämtliche Werke, Briefe, Tagebücher und Gespräche. Hrsg. von Karl Eibl, Bd. 2. Frankfurt am Main: Klassiker-Verlag 1987, S. 20.)

Besprich dich mit einer Mitschülerin oder einem Mitschüler. Einen klassischen Paar- oder Kreuzreim gibt es in diesem Gedicht nicht.

▶ Welche Besonderheit weist das Reimschema dieses Gedichts auf?
▶ Wie könnte man es bezeichnen? (Er-)findet einen Namen.

Tipp:
👀 Genaueres zum Thema *Paarreim* und *Kreuzreim* findest du auf Seite 44.

Lyrik im Frühling

Johann Wolfgang von Goethe: Gefunden

Worum geht es in diesem Gedicht? Fasse den Inhalt der einzelnen Strophen knapp zusammen.

Strophe 1: ....

Strophe 2: ....

Strophe 3: ....

Strophe 4: ....

Strophe 5: ....

Überlege gemeinsam mit einer Mitschülerin oder einem Mitschüler:

▶ Weshalb macht sich ein Autor die Mühe, ein Gedicht zu einem so gewöhnlichen Thema wie dem Blumenpflücken zu schreiben?
Die folgenden Stichworte können euch helfen: Umweltschutz, Romantik, Geduld …

Lyrik im Frühling

Johann Wolfgang von Goethe: Gefunden

Verfasse zu jeder Strophe eine Überschrift.

Strophe 1: ....
Strophe 2: ....
Strophe 3: ....
Strophe 4: ....
Strophe 5: ....

Überlege gemeinsam mit einer Mitschülerin oder einem Mitschüler:

▶ Weshalb macht sich ein Autor die Mühe, ein Gedicht zu einem so gewöhnlichen Thema wie dem Blumenpflücken zu schreiben?

Johann Wolfgang von Goethe: Gefunden

Welche Aussagen treffen zu? Kreuze an!

Goethe beginnt sein Gedicht mit „Ich". Worauf deutet dies hin? Kreuze an.

- ☐ Es handelt sich um ein sehr persönliches Gedicht.
- ☐ Er ist selbstverliebt.
- ☐ Das Gedicht ist aus der Sicht des Blümchens geschrieben.
- ☐ Es folgt eine persönliche Aussage.

Goethe arbeitet in diesem Gedicht mit Gegensätzen. Was bedeuten diese? Kreuze an.

„Ich wollt es brechen – Ich grub's mit allen / Den Würzlein aus"

- ☐ in Vasen sind Blumen am schönsten
- ☐ das Blümchen abzubrechen würde es verwelken lassen
- ☐ manchmal sind Geduld und Sorgfalt nötig

„Und pflanzt' es wieder – Am stillen Ort"

- ☐ Gegensatz zwischen Wald und Garten
- ☐ Gegensatz zwischen Natur und Kultur
- ☐ Gegensatz zwischen kleinen Blumen und großen Büschen

> Das lyrische Ich ist der Sprecher oder die Stimme eines Gedichts.
> **Achtung:** Verwechsele es nicht mit der Autorin oder dem Autor!

Zeichne hier die Begegnung zwischen dem lyrischen Ich und dem Blümchen im Wald.

Lyrik im Frühling

Johann Wolfgang von Goethe: Gefunden

In Johann Wolfgang von Goethes Gedicht geht es auf den ersten Blick um eine Blume, die das lyrische Ich nicht pflückt, sondern ausgräbt und mit nach Hause nimmt, um sich dauerhaft an ihr zu erfreuen. Dies hat eine tiefere Bedeutung.

Besprich dich mit einer Mitschülerin oder einem Mitschüler:

▶ Welche Bedeutung bekommt das Gedicht, wenn man bedenkt, dass es an Goethes Frau Christiane gerichtet und sie mit der Blume gemeint ist?

Christiane von Goethe, Modistin (Hutmacherin)

geboren am 1. Juni 1765 in Weimar
geborene Johanna Christiana Sophie Vulpius
gestorben 6. Juni 1816 in Weimar

Sie lebte mehrere Jahre unverheiratet mit Goethe zusammen.
Dies war in der damaligen Zeit skandalös.

Von Johann Wolfgang von Goethe – uploader was Hajotthu at de.wikipedia, Gemeinfrei, https://commons.wikimedia.org/w/index.php?curid=62134635

Lyrik im Frühling

Johann Wolfgang von Goethe: Gefunden

Wie aus einer Fabel lässt sich auch aus diesem Gedicht eine moralische Lehre ziehen. Welche der folgenden Lehren passt am besten? Kreuze an:

☐ Keine Rose ohne Dornen.
☐ Vielen Dank für die Blumen.
☐ Gut Ding will Weile haben.

Arbeite mit einer Mitschülerin oder einem Mitschüler. Besprecht:

▶ Findet gemeinsam eine eigene Lehre, die sich aus diesem Gedicht ziehen lässt.
▶ Formuliert gemeinsam einen Lehrsatz.

Lyrik im Frühling

Johann Wolfgang von Goethe: Gefunden

für alle

Recherchiere und vervollständige die folgenden Angaben zu Johann Wolfgang von Goethes Person und Leben. Finde online auch ein Bild von ihm, das du ausdrucken und aufkleben kannst.

Voller Name: Johann _____ Goethe
Geboren: am _____
in _____
Vater: _____
Mutter: _____
Studium: _____

Recherchiere und vervollständige den Lückentext, indem du die passenden Wörter einsetzt.

> Goethe-Haus ❦ Theater ❦ 1775 ❦ Die italienische Reise ❦ Weimar ❦ 1786 ❦ Stein

Im Jahr _____ holte der junge Herzog Karl August Goethe nach _____ und stellte ihn dort als Minister ein. Goethe trug den Titel eines Geheimrats und wurde 1782 in den Adelsstand erhoben. Seine Aufgabe war es, sich um das Finanz- und Heerwesen und das Weimarer _____ zu kümmern. Aber auch in privaten Angelegenheiten unterstützte Goethe den Herzog. In Weimar traf Goethe die Hofdame Charlotte von _____ und verliebt sich in sie. Wichtig für Goethes Entwicklung als Schriftsteller war seine Italienreise _____, die er heimlich antrat. Das Haus, in dem Goethe in Rom lebte, kann heute noch besucht werden und trägt den Namen _____. Die Erfahrungen, die er auf seiner Reise nach Italien machte, verarbeitete er in seinem Werk „_____".

Richtig oder falsch? Recherchiere und kreuze an!

	richtig	falsch
Goethe hatte einen Sohn namens Augustus.	☐	☐
Er starb durch das Schwert eines Gegners.	☐	☐
Er schrieb viele unterschiedliche Texte: Gedichte, Dramen, Briefe etc.	☐	☐
Eines seiner bekanntesten Werke ist *Die Räuber*.	☐	☐
Sein Grab liegt in Weimar.	☐	☐
Goethe und Schiller waren sich aufgrund ihrer Konkurrenz spinnefeind.	☐	☐

Lyrik im Sommer

Erwin Moser: Gewitter

für alle

Dieser Text sieht nicht nach einem Gedicht aus.
Lies ihn bewusst. Bringe den Text dann in Versform.

Tipp: Markiere vorab die Reimwörter!

Der Himmel ist blau Der Himmel wird grau Wind fegt herbei Vogelgeschrei Wolken fast schwarz Lauf, weiße Katz! Blitz durch die Stille Donnergebrülle Zwei Tropfen im Staub Dann Prasseln auf Laub Regenwand Verschwommenes Land Blitze tollen Donner rollen Es plitschert und platscht Es trommelt und klatscht Es rauscht und klopft Es braust und tropft Eine Stunde lang Herrlich bang Dann Donner schon fern Kaum noch zu hör'n Regen ganz fein Luft frisch und rein Himmel noch grau Himmel bald blau!

(aus: Hans-Joachim Gelberg (Hrsg.), Überall und neben dir © 1986, 2010 Beltz & Gelberg in der Verlagsgruppe Beltz – Weinheim Basel.)

Vergleiche deine Lösung mit dem Originalgedicht.

Lyrik im Sommer

Erwin Moser: Gewitter

für alle

Der Himmel ist blau
Der Himmel wird grau
Wind fegt herbei
Vogelgeschrei
Wolken fast schwarz
Lauf, weiße Katz!
Blitz durch die Stille
Donnergebrülle
Zwei Tropfen im Staub
Dann Prasseln auf Laub
Regenwand
Verschwommenes Land
Blitze tollen
Donner rollen
Es plitschert und platscht
Es trommelt und klatscht
Es rauscht und klopft
Es braust und tropft
Eine Stunde lang
Herrlich bang
Dann Donner schon fern
Kaum noch zu hör'n
Regen ganz fein
Luft frisch und rein
Himmel noch grau
Himmel bald blau!

Rebel/stock.adobe.com

(aus: Hans-Joachim Gelberg (Hrsg.), Überall und neben dir © 1986, 2010 Beltz & Gelberg in der Verlagsgruppe Beltz – Weinheim Basel.)

Lege Stift und Papier bereit. Lies das Gedicht nochmals bewusst. Beschreibe die Stimmung, die es entstehen lässt. Schreibe einfach drauflos – in ganzen Sätzen oder in Stichpunkten.

Lyrik im Sommer

Erwin Moser: Gewitter

Niveaustufe **Basic**

Trage das Gedicht *Gewitter* von Erwin Moser möglichst eindrucksvoll vor.

Bereite diesen Vortrag vor, indem du ...
- es mehrfach leise durchliest,
- es mehrfach halblaut mit Flüsterstimme vorliest,
- Betonungen und Pausen markierst.

**Arbeite gemeinsam mit einer Mitschülerin oder einem Mitschüler.
Tragt euch das Gedicht gegenseitig vor.**

- Verwendet dabei die Flüsterstimme.
- Gebt euch Feedback zu euren Gedichtvorträgen. Die Vorlage 👀 „Feedback zum Gedichtvortrag" auf Seite 56 hilft euch dabei.
- Besprecht: Erwin Moser hat dieses Gedicht nicht in unterschiedliche Strophen unterteilt. Wie findet ihr das?
- Begründet eure Meinung.

Lyrik im Sommer

Erwin Moser: Gewitter

Niveaustufe **Profi**

Trage das Gedicht *Gewitter* von Erwin Moser möglichst eindrucksvoll vor.

Bereite diesen Vortrag vor, indem du ...
- es mehrfach leise durchliest,
- es mehrfach halblaut mit Flüsterstimme vorliest,
- Betonungen und Pausen markierst,
- Stellen markierst, an denen deine Stimme leiser oder lauter werden muss,
- dir die passende Mimik und Gestik zu den einzelnen Stellen überlegst.

**Arbeite gemeinsam mit einer Mitschülerin oder einem Mitschüler.
Tragt euch das Gedicht gegenseitig vor.**

- Verwendet dabei die Flüsterstimme.
- Gebt euch Feedback zu euren Gedichtvorträgen. Die Vorlage 👀 „Feedback zum Gedichtvortrag" auf Seite 56 hilft euch dabei.
- Besprecht: Erwin Moser hat dieses Gedicht nicht in unterschiedliche Strophen unterteilt. Welchen Effekt hat das?
- Wie findet ihr das?
- An welchen Stellen würdet ihr eine neue Strophe beginnen? Markiert diese.

Lyrik im Sommer

Erwin Moser: Gewitter

Das Gedicht *Gewitter* von Erwin Moser zeichnet sich besonders durch das Mittel der Lautmalerei aus. Was das ist, erfährst du, wenn du die Geheimschrift entzifferst:

Bei der Lautmalerei leitet sich aus einem Geräusch ein eigenes Wort ab. „Zischen" ist ein Beispiel dafür: Der „sch"-Laut erinnert an ein entsprechendes Geräusch.

Arbeite gemeinsam mit einer Mitschülerin oder einem Mitschüler. Notiert alle lautmalerischen Wörter, die in *Gewitter* von Erwin Moser vorkommen.

Lyrik im Sommer

Erwin Moser: Gewitter

Tipp: Eine 👀 Übersicht über diese Stilmittel gibt es auf Seite 52.

Finde im Gedicht die folgenden Stilmittel:

Anapher:

Personifikation:

Parallelismus:

Arbeite gemeinsam mit einer Mitschülerin oder einem Mitschüler. Besprecht:
- Welche Funktion erfüllen diese Stilmittel?
- Wie wirken Anapher, Personifikation und Parallelismus auf euch?

Theodor Storm: Abseits

für alle

Theodor Storm hat ein Gedicht mit dem Titel „Abseits" geschrieben.
Was verbindest du mit dieser Überschrift?
Vervollständige die Mindmap und ergänze Begriffe, die dir zum Wort Abseits einfallen.
Erledige dies, bevor du das Gedicht liest!

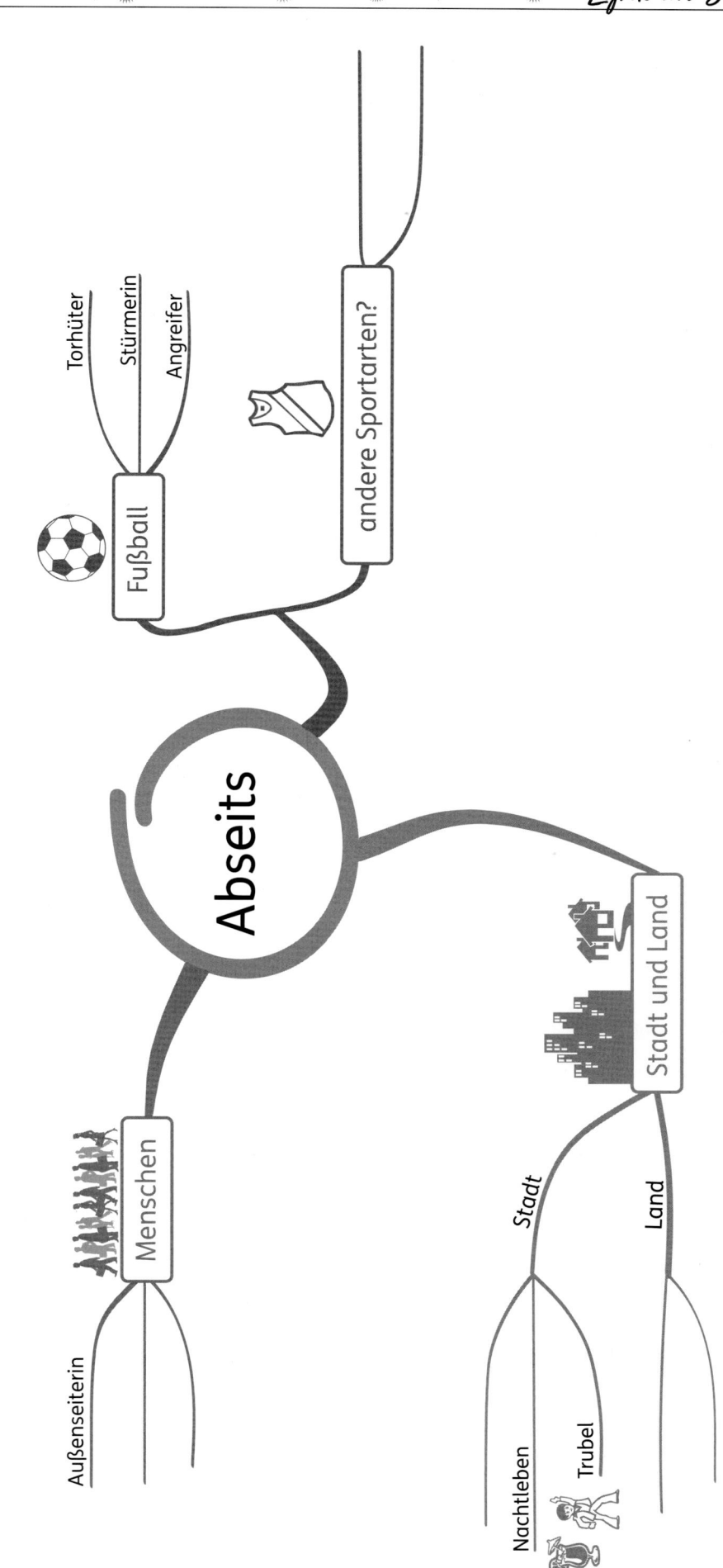

Lyrik im Sommer

Lyrik im Sommer

Theodor Storm: Abseits

**Schreibe das Gedicht *Abseits* in Versform um.
Lies aufmerksam und markiere die Reimwörter.**

Tipp: Das Reimschema ist fast durchgängig ababcc.

für alle

Es ist so still; die Heide¹ liegt Im warmen Mittagssonnenstrahle Ein rosenroter Schimmer fliegt Um ihre alten Gräbermale Die Kräuter blühn der Heideduft Steigt in die blaue Sommerluft

Laufkäfer hasten durchs Gesträuch In ihren goldnen Panzerröckchen, Die Bienen hängen Zweig um Zweig Sich an der Edelheide Glöckchen Die Vögel schwirren aus dem Kraut Die Luft ist voller Lerchenlaut

Ein halbverfallen niedrig Haus Steht einsam hier und sonnbeschienen Der Kätner² lehnt zur Tür hinaus Behaglich blinzelnd nach den Bienen Sein Junge auf dem Stein davor Schnitzt Pfeifen sich aus Kälberrohr³

Kaum zittert durch die Mittagsruh Ein Schlag der Dorfuhr, der entfernten Dem Alten fällt die Wimper zu Er träumt von seinen Honigernten Kein Klang der aufgeregten Zeit Drang noch in diese Einsamkeit.

(aus: Der Neue Conrady: Das große deutsche Gedichtbuch von den Anfängen bis zur Gegenwart. Neu hrsg. und aktualisiert von Karl Otto Conrady. Düsseldorf u. a.: Artemis & Winkler 2000, S. 483.)

¹ Heide: eine vom Menschen unbebaute und weitgehend unberührte Landschaft
² Kätner: Besitzer/Bewohner einer Kate (einfaches Wohnhaus abseits des Dorfes)
³ Kälberrohr: norddeutsche Bezeichnung für den Wiesen-Kerbel

Lyrik im Sommer

Theodor Storm: Abseits

Tipp: 👀 Mehr zum Thema Reimschema findest du auf Seite 44/45.

für alle

Es ist so still; die Heide liegt
Im warmen Mittagssonnenstrahle,
Ein rosenroter Schimmer fliegt
Um ihre alten Gräbermale;
Die Kräuter blühn; der Heideduft
Steigt in die blaue Sommerluft.

Laufkäfer hasten durchs Gesträuch
In ihren goldnen Panzerröckchen,
Die Bienen hängen Zweig um Zweig
Sich an der Edelheide Glöckchen,
Die Vögel schwirren aus dem Kraut –
Die Luft ist voller Lerchenlaut.

Ein halbverfallen niedrig Haus
Steht einsam hier und sonnbeschienen;
Der Kätner lehnt zur Tür hinaus,
Behaglich blinzelnd nach den Bienen;
Sein Junge auf dem Stein davor
Schnitzt Pfeifen sich aus Kälberrohr.

Kaum zittert durch die Mittagsruh
Ein Schlag der Dorfuhr, der entfernten;
Dem Alten fällt die Wimper zu,
Er träumt von seinen Honigernten. –
Kein Klang der aufgeregten Zeit
Drang noch in diese Einsamkeit.

(aus: Der Neue Conrady: Das große deutsche Gedichtbuch von den Anfängen bis zur Gegenwart. Neu hrsg. und aktualisiert von Karl Otto Conrady. Düsseldorf u. a.: Artemis & Winkler 2000, S. 483.)

Arbeite gemeinsam mit einer Mitschülerin oder einem Mitschüler.

▶ Vergleicht eure Gedichtvarianten mit dem Original: Wo entdeckt ihr Unterschiede?
▶ Hätten sich diese Unterschiede vermeiden lassen, wenn ihr das Reimschema beachtet hättet?

Theodor Storm: Abseits

Niveaustufe Basic

Ordne den Strophen 1 bis 4 die nebenstehenden Inhalte zu.

- Strophe 1 — Das Heidehaus und seine Bewohner
- Strophe 2 — Die Heidelandschaft im Sommer
- Strophe 3 — Die Tiere in der Heide
- Strophe 4 — Die Ruhe in der Heide

Besprich dich mit deiner Nachbarin oder deinem Nachbarn:

Die vierte Strophe unterscheidet sich inhaltlich etwas von den anderen. In den ersten drei Strophen beschränkt sich der Autor auf eine reine Beschreibung.

In der vierten Strophe …
- ☐ kritisiert er den Zustand der Heide.
- ☐ preist er die Ruhe der Heide.
- ☐ schimpft er auf die Bewohnerinnen und Bewohner der Heide.

Theodor Storm: Abseits

Niveaustufe Profi

Fasse den Inhalt jeder Strophe in einem Satz zusammen.

Strophe 1: ....

Strophe 2: ....

Strophe 3: ....

Strophe 4: ....

Die vierte Strophe unterscheidet sich inhaltlich etwas von den anderen. Sie beschränkt sich nicht auf eine reine Beschreibung, sondern preist die Heide. Diese Änderung zeigt sich auch in der verwendeten Zeitform.

Besprich mit deiner Nachbarin oder deinem Nachbarn, was Theodor Storm damit beabsichtigt.

Lyrik im Sommer

Theodor Storm: Abseits

Niveaustufe Basic

Vervollständige den folgenden Satz:

Die vier Strophen bestehen aus jeweils sechs _____

und sind _____ aufgebaut.

Tipp:
Die Arbeitsvorlage 👀 „Reim und Reimschemata: Infoblatt" auf Seite 44/45 hilft dir.

Analysiere das Reimschema und kreuze an:

Das Schema ist durchgängig ...

- ☐ aabbcc
- ☐ ababcc
- ☐ abbcca

Folgendermaßen könnte man es bezeichnen:

- ☐ umarmender Reim mit Zusatz
- ☐ dreifacher Paarreim
- ☐ Kreuzreim mit Paarreim

Lies das Gedicht halblaut und markiere dabei die Wörter, die betont werden müssen. Beginne mit „still" und „liegt". Arbeite mit einer Mitschülerin oder einem Mitschüler zusammen:

▸ Vergleicht und besprecht eure Markierungen.
▸ Übt den Vortrag dieses Gedichts und achtet auf eure Markierungen.
▸ Gebt euch gegenseitig Feedback. Die Vorlage 👀 „Feedback zum Gedichtvortrag" auf Seite 56 hilft euch dabei.

Lyrik im Sommer

Theodor Storm: Abseits

Niveaustufe Profi

Bei unreinen Reimen werden Silben gereimt, deren Klang nicht identisch ist. Daher reimen sie sich nur fast.

Das Reimschema bei Storms Gedicht „Abseits" ist durchgängig ababcc. Allerdings gibt es an einer Stelle einen unreinen Reim. Finde ihn!

Strophe _____ , Zeile _____ und Zeile _____

Tipp: Helfen kann dir die Arbeitsvorlage 👀 „Reim und Reimschemata: Infoblatt" auf Seite 44/45.

Kreuze die richtigen Aussagen an:

- ☐ Bei einem Jambus kommt zunächst eine unbetonte, dann eine betonte Silbe.
- ☐ Bei einem Jambus kommt zunächst eine betonte, dann eine unbetonte Silbe.
- ☐ Das Wort Jam-bus ist selbst ein Jambus.

Es findet sich ein ...

- ☐ vierhebiger Jambus
- ☐ vierhebiger Trochäus
- ☐ fünfhebiger Jambus
- ☐ fünfhebiger Trochäus

Lyrik im Sommer

Theodor Storm: Abseits

für alle

Theodor Storm beschreibt in seinem Gedicht die Heide als Gegenbild zur Unruhe und „aufgeregten Zeit" in der Stadt.
Zitiere die Adjektive, mit denen er die Idylle der Heide beschreibt!

still (Strophe 1, Vers 1), warm (Strophe 1, Vers 2)

Streiche in der folgenden Sammlung alle Begriffe, die keine Synonyme für „Abseits" sind:

> abgelegen • abartig • außerhalb • beiseite • dürftig • einsam • entfernt • fern • fernliegend • kongruent

Besprich dich mit einer Mitschülerin oder einem Mitschüler. Begründet, weshalb Theodor Storm für dieses Gedicht die Überschrift *Abseits* gewählt hat.

Lyrik im Sommer

Theodor Storm: Abseits

für alle

Die Idylle der Heide und den Gegensatz zur Stadt unterstreicht Storm, indem er vor allem die kleinen Dinge beschreibt, die die Heide ausmachen.
Ergänze die Sammlung und belege die Fundstellen im Text.

Kräuter (Strophe 1, Vers 5)

> Das Diminutiv ist die grammatische Verkleinerungsform eines Substantivs.

Markiere in deiner Sammlung die beiden Diminutivbildungen.

Theodor Storm drückt die Idylle der Heide auch durch die Sprache seines Gedichts aus.

Markiere die Stellen im Gedicht …

▶ an denen der Sprecher mitten im Vers pausiert.
▶ an denen Storm den Satzbau so gestaltet, dass eine Pause entsteht.
▶ an denen er den Einfluss von Stadt, Dorf und Zivilisation abschwächt.

Lyrik im Sommer

Eduard Mörike: Auf einer Wanderung

Niveaustufe Basic

Lies die Gedichte *Auf einer Wanderung* von Eduard Mörike und *Abseits* von Theodor Storm.

Auf einer Wanderung

In ein freundliches Städtchen tret' ich ein,
In den Straßen liegt roter Abendschein.
Aus einem offnen Fenster eben
Über den reichsten Blumenflor[1]
Hinweg hört man Goldglockentöne schweben,
Und eine Stimme scheint ein Nachtigallenchor,
Daß die Blüten beben,
Daß die Lüfte leben,
Daß in höherem Rot die Rosen leuchten vor.

Lang' hielt ich staunend, lustbeklommen.
Wie ich hinaus vors Tor gekommen,
Ich weiß es wahrlich selber nicht.
Ach hier, wie liegt die Welt so licht!
Der Himmel wogt in purpurnem Gewühle,
Rückwärts die Stadt in goldnem Rauch;
Wie rauscht der Erlenbach, wie rauscht im Grund die Mühle!

Ich bin wie trunken irrgeführt:
O Muse[2], du hast mein Herz berührt
Mit einem Liebeshauch.

Eduard Mörike

(aus: Mörike-Handbuch: Leben – Werk – Wirkung. Hrsg. von Inge und Reiner Wild. Darmstadt: Wiss. Buchges. 2004, S. 145.)

[1] Flor: altes Wort für Blüte
[2] Muse: In der griechischen Mythologie sind die Musen die Schutzgöttinnen der Künste.

Abseits

Es ist so still; die Heide[1] liegt
Im warmen Mittagssonnenstrahle,
Ein rosenroter Schimmer fliegt
Um ihre alten Gräbermale;
Die Kräuter blühn; der Heideduft
Steigt in die blaue Sommerluft.

Laufkäfer hasten durchs Gesträuch
In ihren goldnen Panzerröckchen,
Die Bienen hängen Zweig um Zweig
Sich an der Edelheide Glöckchen,
Die Vögel schwirren aus dem Kraut –
Die Luft ist voller Lerchenlaut.

Ein halbverfallen niedrig Haus
Steht einsam hier und sonnbeschienen;
Der Kätner[2] lehnt zur Tür hinaus,
Behaglich blinzelnd nach den Bienen;
Sein Junge auf dem Stein davor
Schnitzt Pfeifen sich aus Kälberrohr[3].

Kaum zittert durch die Mittagsruh
Ein Schlag der Dorfuhr, der entfernten;
Dem Alten fällt die Wimper zu,
Er träumt von seinen Honigernten. –
Kein Klang der aufgeregten Zeit
Drang noch in diese Einsamkeit.

Theodor Storm

(aus: Der Neue Conrady: Das große deutsche Gedichtbuch von den Anfängen bis zur Gegenwart. Neu hrsg. und aktualisiert von Karl Otto Conrady. Düsseldorf u.a.: Artemis & Winkler 2000, S. 483.)

[1] Heide: eine vom Menschen unbebaute und weitgehend unberührte Landschaft
[2] Kätner: Besitzer/Bewohner einer Kate (einfaches Wohnhaus abseits des Dorfes)
[3] Kälberrohr: norddeutsche Bezeichnung für den Wiesen-Kerbel

Auf welches Gedicht treffen welche Beschreibungen zu? Kreuze an.

	Abseits	Wanderung	beide
Gegenüberstellung von Realität (Stadt) und Idylle (Land)	☐	☐	☐
Der Mensch (das lyrische Ich) ist Teil der Idylle.	☐	☐	☐
Die Schönheit der Welt findet sich außerhalb der Stadt.	☐	☐	☐
Bewegung von der Stadt aufs Land	☐	☐	☐
Geräusche der Stadt klingen leise bis in die Idylle.	☐	☐	☐
Farben und Geräusche der Idylle werden beschrieben.	☐	☐	☐

Eduard Mörike: Auf einer Wanderung

Vergleiche Strophenlänge und Reimschema der beiden Gedichte. Was fällt dir auf?

Strophenlänge: ....

Reimschema: ....

Mörikes Gedicht enthält viele Personifikationen. Nenne zwei.

....

....

Die Farbe Rot ist bei Mörike besonders wichtig. Sammle alle Formulierungen, in denen „rot" vorkommt.

....

....

Besprich dich mit einer Mitschülerin oder einem Mitschüler:

▶ Was bewirken diese sprachlichen Bilder?
▶ Weshalb verwendet Mörike sie?
▶ Weshalb setzt er so stark auf die Farbe Rot?

Eduard Mörike: Auf einer Wanderung

Niveaustufe Profi

Beschreibe den Aufbau von Mörikes Gedicht *Auf einer Wanderung*.

....

....

....

In seinem Gedicht arbeitet Mörike viel mit Farben. Welche werden genannt? Belege mit Textstellen!

....

....

....

Welche anderen Sinneseindrücke greift er auf? Belege mit Textstellen!

....

....

Lyrik im Herbst

Herbststimmung beschreiben

für alle

**Arbeite mit einer Mitschülerin oder einem Mitschüler zusammen.
Betrachtet gemeinsam das Bild.**

▶ Was zeigt es?
▶ Was empfindet ihr beim Betrachten?

**Sammelt all eure Assoziationen (= Gedanken) zum Stichwort *Herbst* in dieser Tabelle.
Notiert die positiven Dinge, die ihr damit verbindet, in der linken Spalte und die negativen Dinge in der rechten.**

positive Assoziationen 👍	negative Assoziationen 👎

Lyrik im Herbst

Hermann Hesse: Im Nebel

Im folgenden Gedicht sind die Wörter in einigen Versen so umgestellt, dass es sich nicht mehr reimt. Stelle richtig.

Tipp: Denke an den Kreuzreim!

Im Nebel

Seltsam, im Nebel zu wandern!
Einsam ist jeder Busch und Stein,
sieht | den anderen | Kein Baum
allein | ist | Jeder

Voll von Freunden war mir die Welt,
Als noch mein Leben licht war;
da | fällt | der Nebel | Nun
sichtbar | keiner mehr | Ist

Wahrlich keiner ist weise,
Der nicht das Dunkel kennt,
unentrinnbar und leise | Das
ihn | trennt | Von allem

Seltsam, im Nebel zu wandern!
Leben ist Einsamsein.
den andern | kennt | Kein Mensch
Jeder | allein | ist

Полина Власова/stock.adobe.com

Seltsam, im Nebel zu wandern!
Einsam ist jeder Busch und Stein,
....
....

Voll von Freunden war mir die Welt,
Als noch mein Leben licht war;
....
....

Wahrlich keiner ist weise,
Der nicht das Dunkel kennt,
....
....

Seltsam, im Nebel zu wandern!
Leben ist Einsamsein.
....
....

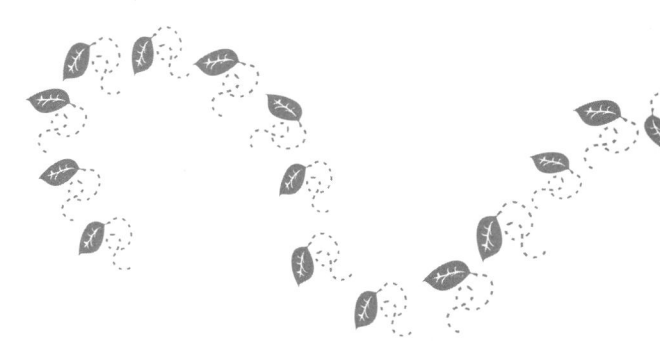

("Im Nebel", aus: Hermann Hesse, Sämtliche Werke in 20 Bänden. Herausgegeben von Volker Michels. Band 10. © Suhrkamp Verlag Frankfurt am Main 2002. Alle Rechte bei und vorbehalten durch Suhrkamp Verlag Berlin.)

Lyrik im Herbst

Hermann Hesse: Im Nebel

Vergleiche deine Variante mit dem Original:

Im Nebel

Seltsam, im Nebel zu wandern!
Einsam ist jeder Busch und Stein,
Kein Baum sieht den anderen,
Jeder ist allein.

Voll von Freunden war mir die Welt,
Als noch mein Leben licht war;
Nun, da der Nebel fällt,
Ist keiner mehr sichtbar.

Wahrlich, keiner ist weise,
Der nicht das Dunkel kennt,
Das unentrinnbar und leise
Von allem ihn trennt.

Seltsam, im Nebel zu wandern!
Leben ist Einsamsein.
Kein Mensch kennt den andern,
Jeder ist allein.

Gut zu wissen:

Das lyrische Ich ist der fiktive Sprecher oder die Stimme eines Gedichts. Es darf <u>nicht</u> mit der Autorin, dem Autor des Gedichts verwechselt werden. Das lyrische Ich erkennst du an der ersten Person Singular („ich"), aber auch an den Personal- und Possessivpronomen der ersten Person Singular und an der Personalform des Verbs. Achte auch darauf, wie es seine Gedanken, Gefühle, Wünsche und Fragen ausdrückt.

▶ Woran erkennst du im Gedicht „Im Nebel" das lyrische Ich?

(„Im Nebel", aus: Hermann Hesse, Sämtliche Werke in 20 Bänden. Herausgegeben von Volker Michels. Band 10. © Suhrkamp Verlag Frankfurt am Main 2002. Alle Rechte bei und vorbehalten durch Suhrkamp Verlag Berlin.)

Tipp:
👀 Genaueres zum Thema Reimschema findet ihr auf Seite 44/45.

Markiere zusammengehörige Reimwörter in derselben Farbe.

Um welches Reimschema handelt es sich?

Formuliere die Kernaussage des Gedichts in einem Satz.

Nenne verschiedene Situationen im Leben, die zur Stimmungslage des Gedichts passen.

Lyrik im Herbst

Hermann Hesse: Im Nebel

Niveaustufe **Basic**

Wie fühlt sich der Sprecher in diesem Gedicht? Kreuze an.

☐ einsam wie seit jeher ☐ einsam und verlassen
☐ froh und enthusiastisch ☐ entspannt und gelassen

**Woran erkennst du das? Unterstreiche die entsprechenden Wörter und Formulierungen.
Finde eine neue Überschrift für das Gedicht.**

Arbeite gemeinsam mit einer Mitschülerin oder einem Mitschüler. Diskutiert:

▶ Weshalb hat der Autor für dieses Gedicht den Herbst gewählt und nicht eine andere Jahreszeit?

Lyrik im Herbst

Hermann Hesse: Im Nebel

Niveaustufe **Profi**

Finde eine oder mehrere neue Überschriften für das Gedicht.

Erkläre die Verwendung des Präteritums in der zweiten Strophe.

**Wie sieht das lyrische Ich sich selbst? Was denkt das lyrische Ich über sich selbst?
Belege deine Aussagen mit Formulierungen aus dem Gedicht.**

Selbstwahrnehmung des lyrischen Ichs	Belege

Was denkt das lyrische Ich über andere Menschen? Belege auch dies mit einer Textstelle.

Lyrik im Herbst

Hermann Hesse: Im Nebel

Niveaustufe **Basic**

Verbinde die rhetorischen Mittel mit den passenden Textstellen.

- Anapher
- Alliteration
- Personifikation

- „Leben licht"
- „Einsam ist jeder Busch und Stein"
- „Seltsam, im Nebel zu wandern!" (Vers 1 und 13)

Arbeite gemeinsam mit einer Mitschülerin oder einem Mitschüler. Besprecht:

- ▸ Wie wirken diese Stilmittel auf euch?
- ▸ Weshalb setzt der Autor sie ein?
- ▸ Außerdem findet sich in diesem Gedicht noch eine weitere Anapher. Findet und markiert sie farbig.
- ▸ Was ist das Besondere an den beiden Anaphern?

Tipp:
Mehr zu rhetorischen Mitteln findet ihr auf der Arbeitsvorlage 🙂 „Übersicht über wichtige rhetorische Stilmittel" auf Seite 52.

Lyrik im Herbst

Hermann Hesse: Im Nebel

Niveaustufe **Profi**

Finde weitere auffällige rhetorische Stilmittel wie Alliteration, Anapher, Parallelismus, Metapher und Personifikation. Belege die Textstellen.

Arbeite gemeinsam mit einer Mitschülerin oder einem Mitschüler. Besprecht:

- ▸ Welche Funktionen haben diese Stilmittel?
- ▸ Das Wort *Nebel* steht in diesem Gedicht als Metapher für die Einsamkeit.
  Ist diese Metapher gut gewählt? Begründet eure Meinung.

Tipp:
Mehr zu rhetorischen Mitteln findet ihr auf der Arbeitsvorlage 🙂 „Übersicht über wichtige rhetorische Stilmittel" auf Seite 52.

Hermann Hesse: Im Nebel

Niveaustufe **Basic**

Welche Aussagen treffen auf die einzelnen Strophen zu? Kreuze an.

Strophe 1
- ☐ Die Wanderung im Nebel bereitet dem lyrischen Ich große Freude.
- ☐ Das lyrische Ich wandert durch den Nebel und denkt darüber nach, wie einsam jeder ist.
- ☐ Die Wanderung im Nebel macht dem lyrischen Ich große Angst.
- ☐ Weil es sich einsam fühlt, wandert das lyrische Ich durch den Nebel.

Strophe 2
- ☐ Das lyrische Ich hatte noch nie viele Freunde.
- ☐ Als es ihm noch gut ging, hatte das lyrische Ich viele Freunde. Heute sind sie verschwunden.
- ☐ Das lyrische Ich wandert durch den Nebel, um seine Freunde zu finden oder neue kennenzulernen.
- ☐ Das lyrische Ich ist wütend auf seine Freunde, die nicht gemeinsam mit ihm durch den Nebel wandern wollen.

Strophe 3
- ☐ In der Nacht ist der Nebel am dichtesten.
- ☐ Freundschaft lässt sich nicht erzwingen.
- ☐ Es tut einer Freundschaft besonders gut, trotz schlechten Wetters gemeinsam wandern zu gehen.
- ☐ Nur wer Einsamkeit erfahren hat, versteht, dass alle Menschen im Grunde allein sind.

Strophe 4
- ☐ Ohne Freunde ist man sehr einsam.
- ☐ Der Mensch ist nicht nur in schlechten Zeiten einsam, sondern immer.
- ☐ Wenn der Nebel sich lichtet, sind auch die Freunde wieder zurück.
- ☐ Nur wirklich gute Freunde kennen sich gegenseitig.

Welche Aussagen zum lyrischen Ich stimmen nicht? Streiche sie.

Das lyrische Ich ist der **Autor / Sprecher oder Erzähler** eines Gedichts. Während **der Autor / das lyrische Ich** das Gedicht geschrieben hat, lässt **der Autor / das lyrische Ich** die Leserschaft als sprechende und handelnde Person an seiner Gedankenwelt teilhaben. In Gedichten findest du das lyrische Ich durch **Wörter wie ich, mein, mich, mir / am Ende des Textes oder direkt unter der Überschrift**.

Weitere Hinweise sind auch **Namens- und Ortsangaben / geäußerte Gedanken, Ängste, Wünsche und Hoffnungen**.

Lyrik im Herbst

Hermann Hesse: Im Nebel

Niveaustufe **Profi**

Bei welchen der folgenden Aussagen handelt es sich um eine Wiedergabe des Inhalts (W) und bei welcher um eine Interpretation (I)? Notiere jeweils den entsprechenden Buchstaben.

Strophe 1

a. Das lyrische Ich wandert durch den Nebel. Dabei fällt ihm auf, wie einsam die einzelnen Pflanzen sind.

b. Büsche, Steine und Bäume werden personifiziert und stehen für die Menschen, die einsam und alleine durch das Leben gehen. Die anderen sind ihnen egal.

Strophe 2

c. In seinem früheren Leben ging es dem lyrischen Ich besser. Heute, da es ihm schlecht geht, sind seine Freunde verschwunden.

d. Der Nebel steht in dieser Strophe metaphorisch für die Barriere zwischen dem gegenwärtigen Leben des lyrischen Ichs und seinem vorherigen Leben.

e. Der Nebel trennt das lyrische Ich von seinen Freunden.

Strophe 3

f. Um weise zu werden, ist es notwendig, auch die Schattenseiten des Lebens kennenzulernen. Diese kommen fast unbemerkt und sind unausweichlich.

Strophe 4

g. Noch immer wandert das lyrische Ich einsam durch den Nebel, der sich deutlicher als zu Beginn des Gedichts auf das menschliche Leben bezieht.

h. Jeder ist einsam.

Bei seinem Spaziergang begegnet der Erzähler (das lyrische Ich) einem alten Freund, mit dem er in früheren Zeiten schöne Stunden verbracht hat. Beide kommen ins Gespräch. Schreibe ihren Dialog.

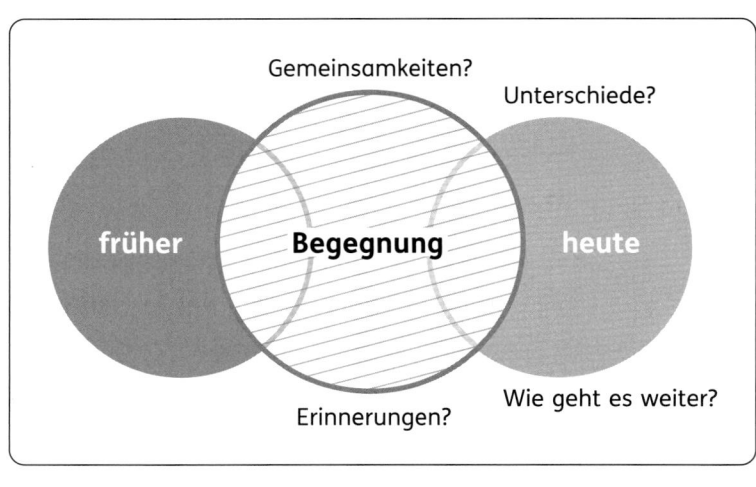

Hermann Hesse: Im Nebel

Arbeite gemeinsam mit einer Mitschülerin oder einem Mitschüler. Tauscht eure Texte aus. Gebt euch gegenseitig Feedback. Geht dabei auf diese Punkte ein:

- Wie wirkt der Text auf den ersten Blick?
- Liest sich der Text flüssig?
- Wo sind Parallelen zum Gedicht zu entdecken?
- Trifft der Text die Gedankenwelt des lyrischen Ichs?

Hermann Hesse: Im Nebel

Verfasse im Heft / auf einem Block eine zusätzliche Strophe. Diese soll ...

- gut zu dem Gedicht passen,
- ebenfalls vier Verse umfassen und
- dasselbe Reimschema haben.

Du kannst selbst entscheiden, an welcher Stelle des Gedichts sie stehen soll.

Meine Strophe platziere ich zwischen Strophe _____ und Strophe _____.

Arbeite gemeinsam mit einer Mitschülerin oder einem Mitschüler. Tauscht eure Texte aus. Gebt euch gegenseitig Feedback. Geht dabei auf diese Punkte ein:

- Wie wirkt der Text auf den ersten Blick?
- Ist die Anzahl der Verse korrekt?
- Ist das Reimschema korrekt?
- Passt die Strophe inhaltlich zum Gedicht?
- Passt die Strophe stilistisch zum Gedicht?
- Ist die Stelle für diese Strophe sinnvoll gewählt?

Tipp: 👀 Genaueres zum Thema *Reimschema* gibt es auf Seite 44/45.

Lyrik im Herbst

Hermann Hesse: Im Nebel

für alle

Informiere dich über den Dichter Hermann Hesse.
Notiere in der Tabelle zentrale Geschehnisse und Fakten aus seinem Leben.

Jahr/Datum	Ereignis
02.07.1877	
	Schullaufbahn
1890–1893	▸
	▸
	▸
	Ehe mit Maria Bernoulli
1904	
1905, 1909, 1911	
1912	
1916	
1923	
1914–1918	**Erster Weltkrieg**
	Hesses Rolle im Ersten Weltkrieg
	▸
	▸
	Veröffentlichung von *O Freunde, nicht diese Töne*:
	Inhalt:
	Folgen für Hesse:
	Weitere Ehen
1924–1927	
ab 1931	
1939–1945	**Zeit des Nationalsozialismus**
	Hesse .... den Nationalsozialismus ab. Einige von Hesses Werken gelten unter den Nationalsozialisten als .... Seine Werke .... und .... werden verboten. Hesse setzt sich für andere .... ein. In den 1930er Jahren wagt keine Zeitung mehr, Hesses .... zu veröffentlichen.
09.08.1962	

Lyrik im Herbst

Rainer Maria Rilke: Herbst

für alle

Die vier Strophen des Gedichts *Herbst* von Rainer Maria Rilke sind durcheinandergeraten. Nummeriere sie sinnvoll.

Strophe ......

Und in den Nächten fällt die schwere Erde
aus allen Sternen in die Einsamkeit.

Strophe ......

Und doch ist Einer, welcher dieses Fallen
unendlich sanft in seinen Händen hält.

Strophe ......

Die Blätter fallen, fallen wie von weit,
als welkten in den Himmeln ferne Gärten;
sie fallen mit verneinender Gebärde.

Strophe ......

Wir alle fallen. Diese Hand da fällt.
Und sieh dir andre an: es ist in allen.

(aus: Herbstlese. Ausgewählt von Daniel Kampa. Hamburg: Atlantik, Hoffmann und Campe 2014, S. 97.)

Arbeite gemeinsam mit einer Mitschülerin oder einem Mitschüler:

▶ Stellt euch eure Lösungen gegenseitig vor.
▶ Begründet die von euch gewählte Reihenfolge.

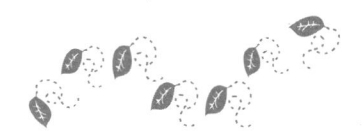

Lyrik im Herbst

Rainer Maria Rilke: Herbst

für alle

**Vergleiche deine Reihenfolge mit der des Originaltextes.
Wo stimmen die beiden Versionen überein? Wo gibt es Abweichungen?**

Strophe **1**
Die Blätter fallen, fallen wie von weit,
als welkten in den Himmeln ferne Gärten;
sie fallen mit verneinender Gebärde.

Strophe **2**
Und in den Nächten fällt die schwere Erde
aus allen Sternen in die Einsamkeit.

Strophe **3**
Wir alle fallen. Diese Hand da fällt.
Und sieh dir andre an: es ist in allen.

Strophe **4**
Und doch ist Einer, welcher dieses Fallen
unendlich sanft in seinen Händen hält.

(aus: Herbstlese. Ausgewählt von Daniel Kampa. Hamburg: Atlantik, Hoffmann und Campe 2014, S. 97.)

Schildere im Heft deinen ersten Eindruck. Die folgenden Fragen helfen dir dabei.

▶ Was denkst und fühlst du, wenn du das Gedicht liest?
▶ Wie wirkt es auf dich?
▶ Woran musst du dabei denken?

Lyrik im Herbst

Rainer Maria Rilke: Herbst

Lies das Gedicht *Herbst* und vervollständige die Inhaltsangaben.

Die erste Strophe besagt, dass die _____ im Herbst zu Boden fallen.

Die zweite Strophe sagt aus, dass die Erde nachts _____ wird.

Die dritte Strophe beschreibt, dass auch alle _____ fallen.

Die vierte Strophe weist darauf hin, dass es jemanden gibt, der die Macht über dieses _____ hat.

Auf welche Strophe beziehen sich die folgenden Aussagen und Interpretationen? Kreuze an.

	1	2	3	4
Wie die Blätter sterben auch wir Menschen eines Tages.	☐	☐	☐	☐
Auch in der Nacht wird es still und einsam.	☐	☐	☐	☐
Der Herbst macht das lyrische Ich scheinbar nachdenklich.	☐	☐	☐	☐
Gott hat die Macht über Leben und Tod.	☐	☐	☐	☐

Lyrik im Herbst

Rainer Maria Rilke: Herbst

1. Fasse den Inhalt der vier Strophen in je einem Satz zusammen.
2. Wie verstehst du die einzelnen Strophen? Interpretiere sie in einem Satz.

	Inhalt	Interpretation
1		
2		
3		
4		

Rainer Maria Rilke: Herbst

Rilke arbeitet in seinem Gedicht mit verschlüsselten Bildern. Wofür stehen diese? Kreuze an.

fallende Blätter

☐ Sterben und Vergänglichkeit
☐ Umweltschäden
☐ Verletzlichkeit der Natur

welkende Gärten

☐ Sterben und Vergänglichkeit
☐ Umweltschäden
☐ Verletzlichkeit der Natur

Wir alle fallen

☐ Wer hoch hinaus will, wird tief fallen.
☐ Höhenangst des lyrischen Ichs
☐ Sterblichkeit des Menschen

das Fallen in der Hand halten

☐ das Sterben stoppen
☐ über das Sterben entscheiden können
☐ trotzdem im Tod aufgefangen werden

Die letzte Strophe unterscheidet sich von den ersten dreien. Wodurch? Kreuze an.

☐ Anders als die ersten drei Strophen beschäftigt sich die vierte nicht mit dem Fallen oder Sterben.
☐ Während die ersten drei Strophen vom Sterben („Fallen") handeln, spricht die vierte Strophe davon, dass jemand dieses Sterben beeinflussen kann.
☐ Nur in der vierten Strophe wird das Fallen mit dem Sterben in Verbindung gesetzt.

**Arbeite gemeinsam mit einer Mitschülerin oder einem Mitschüler. Sucht nach weiteren Herbstgedichten. Oft haben diese einige Gemeinsamkeiten. Findet diese!
Die folgenden Fragen können euch helfen:**

▶ Welche Farben werden genannt?
▶ Welche Adjektive werden verwendet?
▶ Wie ist die Stimmung?
▶ Welche Wörter wiederholen sich?

Lyrik im Herbst

Rainer Maria Rilke: Herbst

Drei der folgenden Bilder gehören eng zusammen. Markiere diese.

- fallende Blätter
- welkende Gärten
- Wir alle fallen
- das Fallen in der Hand halten

Was ist mit diesen Bildern gemeint?

....
....
....

Wofür steht in diesem Gedicht das vierte Bild?

....
....
....

Arbeite gemeinsam mit einer Mitschülerin oder einem Mitschüler.
Löst die folgenden Aufgaben zusammen:

Vervollständigt den folgenden Satz:

Der .... Vers stellt einen Wendepunkt im Gedicht dar. Der Herbst mit seinen .... Blättern bleibt zwar ein Sinnbild für den ...., aber es gibt auch die .... auf eine Macht, die das .... in ihren Händen hält.

Besprecht: „Unendlich sanft" (Vers 9) klingt positiv.
Weshalb verwendet Rilke diese Formulierung, obwohl es doch um das Sterben geht?

....
....
....

Arbeite gemeinsam mit einer Mitschülerin oder einem Mitschüler. Das Thema *Tod und Sterben* hat schon viele Dichterinnen und Dichter beschäftigt. Sucht weitere Gedichte zu diesem Thema. Oft haben diese einige Gemeinsamkeiten. Findet diese!
Die folgenden Fragen können euch helfen:

▶ Welche Farben werden genannt?
▶ Wie ist die Stimmung? (**Tipp:** Auf Adjektive achten.)
▶ Wie lässt sich das lyrische Ich jeweils beschreiben?

Rainer Maria Rilke: Herbst

Tipp:
Die Arbeitsvorlage 👀 „Reim und Reimschemata: Infoblatt" auf Seite 44/45 hilft euch.

Niveaustufe **Basic**

Welches Reimschema verwendet Rainer Maria Rilke in seinem Gedicht *Herbst*? Kreuze an.

	☐ Reimschema a	☐ Reimschema b	☐ Reimschema c	☐ Reimschema d
1	a b x	a b x	a b	a b c
2	c c	c a	a b	d a
3	d e	d e	c d	c d
4	d e	e d	d c	e e

Arbeite gemeinsam mit einer Mitschülerin oder einem Mitschüler. Rilkes Gedicht weist kein typisches Reimschema auf. Teilweise enden Verse sogar ohne Reim. Diskutiert:
▸ Was macht dies mit dem Gedicht? Wie wirkt dieses unübliche Reimschema auf euch?
▸ Muss ein Gedicht sich immer reimen? Welche Gründe sprechen dafür, welche dagegen?
▸ (Er-)findet einen Namen für das Reimschema in diesem Gedicht.

Rainer Maria Rilke: Herbst

Niveaustufe **Profi**

Die ersten beiden Strophen sind durch eine Art umarmenden Reim miteinander verbunden.
▸ Markiere die entsprechenden Reimwörter im Gedicht.
▸ Wie sind diese beiden Strophen inhaltlich miteinander verbunden?

Auch die Strophe 3 und 4 sind durch einen umarmenden Reim verbunden.
▸ Markiere auch hier die entsprechenden Reimwörter im Gedicht.
▸ Wie sind diese beiden Strophen inhaltlich miteinander verbunden?

Arbeite gemeinsam mit einer Mitschülerin oder einem Mitschüler. Im ersten Vers erzwingt die zweifache Verwendung des Verbs „fallen" beim Lesen eine Pause. Besprecht:
▸ Was bewirkt diese Pause bei der Leserin, beim Leser?
▸ Gibt es in der Natur im Herbst etwas, das mit dieser Pause verglichen werden kann?

Im achten Vers wird „Einer" großgeschrieben.
▸ Wer kann das eurer Meinung nach sein?
▸ Informiert euch über die Person Rainer Maria Rilke. Könnt ihr anhand seines Lebens erkennen oder begründen, wer damit gemeint ist?

Lyrik im Herbst

Rainer Maria Rilke: Herbsttag

für alle

Schneide diese 12 Verse aus und lege sie zu einem Gedicht zusammen. Klebe dieses auf ein Blatt Papier. Tipp: Die erste Strophe hat 3, die zweite 4 und die dritte 5 Zeilen.

Leg Deinen Schatten auf die Sonnenuhren	Wer jetzt kein Haus hat baut sich keines mehr.
Herr: es ist Zeit. Der Sommer war sehr groß.	und auf den Fluren lass die Winde los.
unruhig wandern wenn die Blätter treiben.	gib ihnen noch zwei südlichere Tage
Befiehl den letzten Früchten voll zu sein;	wird wachen, lesen, lange Briefe schreiben
Wer jetzt allein ist wird es lange bleiben,	dränge sie zur Vollendung hin und jage
die letzte Süße in den schweren Wein.	und wird in den Alleen hin und her

(aus: Herbstlese. Ausgewählt von Daniel Kampa. Hamburg: Atlantik, Hoffmann und Campe 2014, S. 85.)

Lyrik im Herbst

Rainer Maria Rilke: Herbsttag

für alle

Vergleiche dein Gedicht mit dem hier abgedruckten Originalgedicht. Wo weicht deine Version vom Original ab, wo stimmen beide überein?

Tipp:
Die Arbeitsvorlage ◐◐ „Reim und Reimschemata: Infoblatt" auf Seite 44/45 hilft dir.

Herr: es ist Zeit. Der Sommer war sehr groß.
Leg Deinen Schatten auf die Sonnenuhren
und auf den Fluren[1] lass die Winde los.

Befiehl den letzten Früchten voll zu sein;
gib ihnen noch zwei südlichere Tage
dränge sie zur Vollendung hin und jage
die letzte Süße in den schweren Wein.

Wer jetzt kein Haus hat baut sich keines mehr.
Wer jetzt allein ist wird es lange bleiben,
wird wachen, lesen, lange Briefe schreiben
und wird in den Alleen hin und her
unruhig wandern wenn die Blätter treiben.

(aus: Herbstlese. Ausgewählt von Daniel Kampa. Hamburg: Atlantik, Hoffmann und Campe 2014, S. 85.)

[1] Flur: nicht bebautes, offenes Gelände ohne Wald

Markiere die Reimwörter in diesem Gedicht.
Stelle die Reimschemata der drei Strophen dar und beschreibe diese.

	Strophe 1	Strophe 2	Strophe 3
Reimschema	aba		
Beschreibung		vollständiger umarmender Reim	

Rainer Maria Rilke: Herbsttag

Ergänze die Inhaltsangaben zu den einzelnen Strophen sinnvoll.

Erste Strophe:

Rückblick auf den _____ und Ausblick auf den anstehenden _____

Zweite Strophe:

Der Herbst als Zeit der _____

Dritte Strophe:

Statt der _____ steht nun der _____ im Mittelpunkt und die mit dem Winter einhergehende _____ .

Rainer Maria Rilke: Herbsttag

Im Gedicht *Herbsttag* finden sich unterschiedliche rhetorische Mittel.

Tipp: Eine 👀 Übersicht über diese Stilmittel gibt es auf Seite 52.

Kreuze an, welches Mittel sich in Vers 4 findet:

☐ Anapher ☐ Metapher ☐ Alliteration

Finde im Gedicht eine Anapher:

_____ (Vers _____)

In diesem Gedicht gibt es viele Imperative (Befehlsformen). Notiere fünf weitere mit Textbelegen.

Leg Deinen Schatten (Strophe 1 ...

Arbeite gemeinsam mit einer Mitschülerin oder einem Mitschüler. Besprecht:
- Wie wirken diese Imperative auf euch?
- Weshalb hat Rilke diese wohl eingesetzt?

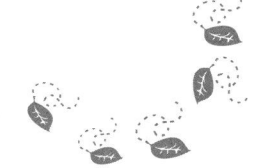

Lyrik im Herbst

Vergleich: Rainer Maria Rilke: Herbst und Herbsttag

für alle

Vergleiche die beiden Gedichte *Herbst* und *Herbsttag* von Rainer Maria Rilke.
Trage dazu die einzelnen Informationen in die Tabelle ein.

	Herbst	Herbsttag
Strophenanzahl		
Versanzahl		
Reimschema		
Inhalt in ein bis zwei Sätzen		
verwendete sprachliche Mittel		
Parallelen und Übereinstimmungen		
Unterschiede		

**Arbeite gemeinsam mit einer Mitschülerin oder einem Mitschüler.
Besprecht euch.
Begründet dabei eure Meinungen und tauscht Argumente aus.**

▶ Welches Gedicht gefällt euch besser?
▶ Welches findet ihr inhaltlich interessanter?
▶ Welches ist formal – Wortwahl, Reime, Stilmittel – gelungener?

Tipp:
👀 Mehr zum Thema *Reimschema* findet ihr auf Seite 44/45. Mehr Infos zu den sprachlichen Mitteln gibt es auf Seite 52.

Lyrik im Winter

Christian Morgenstern: Wenn es Winter wird

für alle

Setze passende Wörter in die Lücken ein. Die Wörter im Kasten helfen dir.

> Nase ❄ Haut ❄ gehen ❄ zwitschert ❄ lustiger ❄ Fenster ❄ kalt ❄ Kieselstein ❄ Sohlen ❄ wiederholen ❄ alt ❄ klirr ❄ großer ❄ draußen ❄ Schwälblein ❄ haufenweis ❄ Essen ❄ pressen

Der See hat eine _____ bekommen,
so dass man fast drauf _____ kann,
und kommt ein Fisch geschwommen,
so stößt er mit der _____ an.

Und nimmst du einen _____
und wirfst ihn drauf, so macht es _____
und titscher – titscher – titscher – dirr ...
Heißa, du _____ Kieselstein!
Er _____ wie ein Vögelein
und tut als wie ein _____ fliegen –
doch endlich bleibt mein Kieselstein
ganz weit, ganz weit auf dem See _____ liegen.

Da kommen die Fische _____ von Eis
und schaun durch das klare _____;
und denken, der Stein wär etwas zum _____
doch sosehr sie die Nase ans Eis auch _____,
das Eis ist zu dick, das Eis ist zu _____.
sie machen sich nur die Nasen _____

Aber bald, aber bald
werden wir selbst auf eignen _____
hinausgehn können und den Stein _____.

(aus: Winter-Lesebuch. Ausgewählt von Daniel Kampa. Hamburg: Atlantik, Hoffmann und Campe 2014, S. 207 f.)

Lyrik im Winter

Christian Morgenstern: Wenn es Winter wird

für alle

Lies das Originalgedicht und vergleiche mit deiner Lösung.

Der See hat eine Haut bekommen,
so dass man fast drauf gehen kann,
und kommt ein großer Fisch geschwommen,
so stößt er mit der Nase an.

Und nimmst du einen Kieselstein
und wirfst ihn drauf, so macht es klirr
und titscher – titscher – titscher – dirr ...
Heißa, du lustiger Kieselstein!
Er zwitschert wie ein Vögelein
und tut als wie ein Schwälblein fliegen –
doch endlich bleibt mein Kieselstein
ganz weit, ganz weit auf dem See draußen liegen.

Da kommen die Fische haufenweis
und schaun durch das klare Fenster von Eis
und denken, der Stein wär etwas zum Essen;
doch sosehr sie die Nase ans Eis auch pressen,
das Eis ist zu dick, das Eis ist zu alt,
sie machen sich nur die Nasen kalt.

Aber bald, aber bald
werden wir selbst auf eignen Sohlen
hinausgehn können und den Stein wiederholen.

(aus: Winter-Lesebuch. Ausgewählt von Daniel Kampa. Hamburg: Atlantik, Hoffmann und Campe 2014, S. 207 f.)

Lies das Gedicht erneut aufmerksam und beschreibe die Stimmung, die es bei dir auslöst, in zwei oder drei Sätzen.

....
....
....
....

Arbeite gemeinsam mit einer Mitschülerin oder einem Mitschüler. Besprecht:
▶ Wie kommt die von euch empfundene Stimmung zustande?
▶ Was haltet ihr von diesem Gedicht? Begründet eure Meinungen und tauscht Argumente aus.

Lyrik im Winter

Christian Morgenstern: Wenn es Winter wird

Niveaustufe Basic

Finde einen neuen Titel für dieses Gedicht.

....

Fasse den Inhalt der einzelnen Strophen in je einem Satz zusammen.

Strophe 1: ....

Strophe 2: ....

Strophe 3: ....

Strophe 4: ....

Lies das Gedicht erneut und besprich dich mit einer Mitschülerin oder einem Mitschüler:

▶ Was empfindet ihr bei der Lektüre dieses Gedichts?
▶ An welche Situation erinnert es euch?

Lyrik im Winter

Christian Morgenstern: Wenn es Winter wird

Niveaustufe Profi

Arbeite gemeinsam mit einer Mitschülerin oder einem Mitschüler. Besprecht:

▶ Ist der Titel für dieses Gedicht passend gewählt?
▶ Findet einen oder mehrere alternative Titel.

Fasse den Inhalt des Gedichts zusammen.

....

....

....

Arbeite mit einer Mitschülerin oder einem Mitschüler zusammen. Diskutiert eine der folgenden Aussagen zum Gedicht *Wenn es Winter wird*:

> Ein Gedicht, in dem es bloß um einen zugefrorenen See geht! Das ist doch langweilig.

> Toll, wie es dem Morgenstern gelingt, die Winterstimmung darzustellen!

Lyrik im Winter

Christian Morgenstern: Wenn es Winter wird

Niveaustufe Basic

Vervollständige den Lückentext zu dem Gedicht *Wenn es Winter wird*.

Das Gedicht *Wenn es Winter wird* stammt von dem Dichter Christian _____.
Es besteht aus vier _____, die teilweise unterschiedlich lang sind. Während
die erste Strophe _____ Verse umfasst, besteht die zweite aus _____ und die
dritte Strophe aus _____ Versen. Die letzte Strophe hat lediglich drei Verse.
Dadurch wird auch das Reimschema nicht durchgängig beibehalten: Die erste Strophe weist
einen _____ auf. In der zweiten Strophe lässt sich zunächst eine Art
_____ Reim feststellen, da sich zwar Vers zwei und drei reimen, der
erste und der vierte Vers jedoch mit demselben Wort enden. Darauf folgt ein klassischer
_____. Die dritte Strophe besteht aus drei _____.
Der erste Vers der kurzen Abschlussstrophe reimt sich auf den letzten Paarreim der dritten Strophe,
wodurch diese beiden Strophen besonders stark verbunden sind. Darauf folgt ein weiterer Paarreim.

Arbeite gemeinsam mit einer Mitschülerin oder einem Mitschüler. Lest euch das Gedicht gegenseitig vor. Achtet dabei auf die passende Betonung, Pausen und das richtige Tempo. Die Vorlage 👀 „Feedback zum Gedichtvortrag" auf Seite 56 hilft euch dabei.

Lyrik im Winter

Christian Morgenstern: Wenn es Winter wird

Niveaustufe Profi

Analysiere die Form des Gedichts *Wenn es Winter wird* von Christian Morgenstern. Gehe in deinem Text auf die Aspekte im Kasten ein.

> Strophenzahl ❄ Verse je Strophe ❄ Reimschema

40

Lyrik im Winter

Christian Morgenstern: Wenn es Winter wird

Niveaustufe Basic

Dieses Gedicht zeichnet sich durch Lautmalerei aus.
Was das ist, sagt dir die Geheimschrift. Entziffere sie und schreibe den Text in dein Heft.

Die Lautmalerei oder Klangmalerei ist ein rhetorisches Stilmittel, das sich gerade in Gedichten häufig findet. Dabei werden Wörter gebildet, die ähnlich klingen wie Geräusche. Beispiele sind: klappern, zischen.

Arbeite gemeinsam mit einer Mitschülerin oder einem Mitschüler. Besprecht euch.
Erklärt die Bedeutung und Funktion der folgenden lautmalerischen Wörter:

- „klirr" (Vers 6)
- „titsch – titsch – titsch – dirrrrrr" (Vers 7)
- „zwitschert" (Vers 9)

Lyrik im Winter

Christian Morgenstern: Wenn es Winter wird

Niveaustufe Profi

Dieses Gedicht zeichnet sich durch Onomatopoesie aus. Was das ist, erfährst du auf dem Notizzettel.

> Bei der Onomatopoesie werden Töne oder Geräusche mit Wörtern nachgeahmt. Ein Beispiel: Es klappert die Mühle am rauschenden Bach, klipp-klapp.

Finde zwei weitere onomatopoetische Wörter in Morgensterns Gedicht und ergänze die Tabelle.

	Vers	Welches Geräusch ahmt dieses Wort nach?	Welche Funktion hat dieses Wort im Gedicht?
klirr	6		

Besprich dich mit einer Mitschülerin oder einem Mitschüler:

- Was geschieht beim Lesen onomatopoetischer Wörter?
- Weshalb setzen Dichtende onomatopoetische Wörter ein?
- Findet gemeinsam weitere onomatopoetische Wörter, die oft benutzt werden.

Lyrik im Winter ❄❄❄❄❄❄❄❄❄❄❄❄❄❄❄❄❄❄❄❄

Christian Morgenstern: Wenn es Winter wird

Niveaustufe Basic

Um welches Stilmittel handelt es sich? Kreuze an.

	Metapher	Vergleich	Personifikation
Der See hat eine Haut bekommen.	☐	☐	☐
der Fisch hat eine Nase	☐	☐	☐
wie ein Vöglein	☐	☐	☐
als wie ein Schwälblein	☐	☐	☐
[Fische] denken, der Stein wär etwas zum Essen	☐	☐	☐

Arbeite gemeinsam mit einer Mitschülerin oder einem Mitschüler. Besprecht:

▶ Wie wirken die Stilmittel auf euch?
▶ Wie wäre das Gedicht ohne diese Stilmittel?
▶ Findet für jedes der drei Stilmittel ein weiteres Beispiel.

Tipp: Eine 👀 Übersicht über diese Stilmittel gibt es auf Seite 52.

Lyrik im Winter ❄❄❄❄❄❄❄❄❄❄❄❄❄❄❄❄❄❄❄❄

Christian Morgenstern: Wenn es Winter wird

Niveaustufe Profi

In diesem Gedicht verwendet Christian Morgenstern eine Personifikation. Finde und erkläre sie.

Tipp: Eine 👀 Übersicht über diese Stilmittel gibt es auf Seite 52.

....
....
....
....

„Der See hat eine Haut bekommen" – Welches Stilmittel ist das? Kreuze an.

☐ Alliteration ☐ Metapher ☐ Ironie ☐ Ellipse ☐ Vergleich

Morgenstern schreibt über den Stein: „wie ein Vögelein" und „als wie ein Schwälblein". Welches Stilmittel ist das? Kreuze an.

☐ Alliteration ☐ Metapher ☐ Ironie ☐ Ellipse ☐ Vergleich

Arbeite gemeinsam mit einer Mitschülerin oder einem Mitschüler. Besprecht:

▶ Wie wirken diese einzelnen Stilmittel auf euch?

Christian Morgenstern: Wenn es Winter wird

**Schreibe das Gedicht von Christian Morgenstern in eine Erlebniserzählung um.
Die Tipps im Kasten und das Foto helfen dir.**

Niveaustufe Basic

Achte auf die Dreiteilung und benutze ...
- ausdrucksstarke Adjektive
- ausdrucksstarke Verben
- direkte Rede

Irina84/stock.adobe.com

Christian Morgenstern: Wenn es Winter wird

**Schreibe das Gedicht von Christian Morgenstern in einen Zeitungsbericht um.
Der Textanfang, das Foto und die Tipps im Kasten helfen dir.**

Niveaustufe Profi

Schreibe ...
- knapp, sachlich und klar
- im Präteritum

Beantworte dabei die W-Fragen:
- Wer?
- Was?
- Wo?
- Wie?
- Wann?
- Warum?

Vergangenen Sonntag war der See in ...

Ingus Evertovskis/stock.adobe.com

Handwerkszeug zur Gedichtanalyse

Reim und Reimschemata: Infoblatt

für alle

Reim: Ein Reim ist die Verbindung von Wörtern mit einem ähnlichen Klang. Häufig werden Reime in Gedichten verwendet. Meist reimen sich dann die letzten Wörter einzelner Verse. Man unterscheidet reine und unreine Reime. Bei einem reinen Reim klingen die Silben nach dem betonten Vokal genau gleich. Bei einem unreinen Reim oder Halbreim klingen die Silben nur sehr ähnlich:

reiner Reim: biegen – siegen, Haus – Maus
unreiner Reim: biegen – lieben, Blick – Glück

Unreine Reime werden oft mit ähnlich klingenden Konsonanten, Umlauten oder Vokalverbindungen gebildet. Beispiele: ein „d" wird mit einem „t" gereimt (Freude – heute), ein „ü" mit einem „i" (hin – kühn) oder ein „äu" mit einem „ei" (Geläute – Weite).

Reimschema: Bei einer Gedichtinterpretation musst du das Reimschema richtig analysieren. Das Reimschema beschreibt, wie und in welcher Reihenfolge die Reime in einem Gedicht aufeinanderfolgen. Jeder Vers wird mit einem Kleinbuchstaben gekennzeichnet. Reime bekommen denselben Buchstaben.

Friedrich Schiller: Die Bürgschaft (Auszug)

Und trostlos irrt er an Ufers *Rand*,	a
Wie weit er auch spähet und **blicket**	b
Und die Stimme, die rufende, **schicket**,	b
Da stößet kein Kahn vom sichern *Strand*,	a

(aus: Deutsche Gedichte: eine Anthologie. Hrsg. von Dietrich Bode. Ditzingen: Reclam 2018, S. 134 ff.)

Es gibt unterschiedliche Möglichkeiten, wie Reime in einem Gedicht platziert werden können. Im Folgenden findest du die häufigsten Reimschemata mit Beispielen.

Info: Wenn ein Vers sich auf keinen anderen reimt, wird er als *Waise* bezeichnet.

Paarreim: Bei einem Paarreim stehen die sich reimenden Verse direkt hintereinander:

Wilhelm Busch: Abschied (Auszug)

Solang ich lebe, lieb ich **dich**,	a
Und wenn ich sterbe, bet für **mich**,	a
Und wenn du kommst zu meinem *Grab*,	b
So denk, dass ich dich geliebet *hab*.	b

(aus: Schein und Sein: Gedichte. Wilhelm Busch. Hamburg: Severus 2018, S. 10.)

Kreuzreim: Wenn sich der erste und der dritte Vers einer Strophe und der zweite und der vierte Vers reimen, liegt ein Kreuzreim vor.

Joseph von Eichendorff: Nachtblume (Auszug)

Schließ ich nun auch Herz und **Mund**,	a
Die so gern den Sternen *klagen*:	b
Leise doch im Herzens**grund**	a
Bleibt das linde Wellen*schlagen*.	b

(aus: Joseph von Eichendorff: Gedicht. Berlin: 1837, S. 263.)

Handwerkszeug zur Gedichtanalyse

Reim und Reimschemata: Infoblatt

für alle

Verschränkter Reim: Bei einem verschränkten Reim sind drei Reimpaare miteinander verbunden („verschränkt").

Karoline von Günderrode: Der Kuss im Träume (Auszug)

Der Tag ist karg an liebesüßen **Wonnen**,	a
Es schmerzt mich seines Lichtes eitles[1] *Prangen*	b
Und mich verzehren seiner Sonne Gluten.	c
Drum birg dich Aug dem Glanze ird'scher **Sonnen**!	a
Hüll dich in Nacht, sie stillet dein *Verlangen*	b
Und heilt den Schmerz, wie Lethes[2] kühle Fluten.	c

(aus: Einstens lebt ich süßes Leben: Gedichte, Prosa, Briefe, Zeugnisse von Zeitgenossen. Karoline von Günderrode. Frankfurt am Main u. a.: Insel-Verl. 2006, S. 110.)

---
[1] In diesem Zusammenhang kann „eitel" auch „nur, nichts als" bedeuten.
[2] Lethe ist einer der Flüsse der griechischen Mythologie. Wer daraus trinkt, verliert seine Erinnerungen.

Umarmender Reim: Bei einem umarmenden Reim umschließt („umarmt") ein Reim den anderen.

**Joseph von Eichendorff:
Deutschlands künftiger Retter** (Auszug)

Kein Zauberwort kann den Ausspruch **mildern**,	a
Das sündengraue Alte ist *gerichtet*,	b
Da Gott nun selbst die Weltgeschichte *dichtet*	b
Und auf den Höhen zürnend Engel **schildern**.	a

(aus: Joseph von Eichendorff: Mondnacht – Die schönsten Gedichte. Neuausgabe. Göttingen: LIWI Verlag, S. 81.)

Haufenreim: Bei einem Haufenreim reimen sich wirklich alle Verse einer Strophe. Sie klingen gleich, müssen aber nicht gleich aussehen bzw. gleich geschrieben werden:

Matthias Claudius: Der Wandsbecker Bothe (Auszug)

Vom Tartar-Khan, der wie ein **Bär**	a
Die Menschen frisst am schwarzen **Meer**	a
Von Persien, wo mit seinem **Speer**	a
Der Prinz Heraklius wütet **sehr**.	a

(aus: Werke: Asmus omnia sua secum portans oder Sämmtliche Werke des Wandsbecker Bothen. Matthias Claudius. Hrsg. von Urban Roedl. Stuttgart: Evangelische Buchgemeinde 1965, S. 843.)

Kehrreim: Wenn ein Vers oder ein Teil eines Verses in einem Gedicht mehrmals wiederholt wird, spricht man von einem Kehrreim. In der Musik spricht man meistens nicht von einem Kehrreim, sondern von einem Refrain.

Schweifreim und Kettenreim sind weitere Reimschemata.

Handwerkszeug zur Gedichtanalyse

Das Reimschema erkennen: Vorgehen

für alle

Reimschemata strukturieren Gedichte und geben ihnen einen bestimmten Rhythmus. Dadurch kann man sie sich besser merken. Frage dich bei einer Gedichtanalyse immer, wie das verwendete Reimschema zum Inhalt und zur Botschaft des Gedichts passt. Selbst wenn es kein offensichtliches Reimschema gibt, ist das eine wichtige Information! Um ein Reimschema zu analysieren, gehst du am besten in drei Schritten vor:

Schritt 1:

Finde zunächst die Verse, die sich reimen. Du kannst sie farbig markieren oder durch Bögen miteinander verbinden:

> Eene, meene miste,
> Es rappelt in der Kiste.
> Eene, meene, meck,
> und du bist weg.

Schritt 2:

Ordne den einzelnen Reimpaaren Buchstaben zu. Verwende dazu Kleinbuchstaben. Beginne mit a und verwende für jedes neue Reimpaar einen neuen Buchstaben:

> Eene, meene **miste**, a
> Es rappelt in der **Kiste**. a
> Eene, meene, *meck*, b
> und du bist *weg*. b

Schritt 3:

Betrachte die Buchstabenkombinationen und überlege, um welches Reimschema es sich dabei handelt. Häufig genutzte Reimschemata sind:

▶ Paarreim – Hier stehen die Paare immer zusammen.
▶ Kreuzreim – Dabei überkreuzen sich die Verbindungsbögen aus Schritt 1.
▶ umarmender Reim – Hier umarmt das eine Reimpaar das andere.
▶ Haufenreim – Dabei gibt es „einen Haufen" Wörter, die sich alle reimen.

Ordne den Reimschemata die jeweils richtige Buchstabenfolge zu:

Kreuzreim	aaaa
Haufenreim	aabb
umarmender Reim	abab
Paarreim	abba

Das Reimschema erkennen: Übung

Übe das Erkennen des Reimschemas:

Schritt 1:

Markiere farbig oder mit verbinde mit Bögen.

Hinweis: Es gibt nicht nur reine Reime.

> **Johann Wolfgang von Goethe:**
> **Der du von dem Himmel bist**
>
> Der du von dem Himmel bist,
> Alles Leid und Schmerzen stillest,
> Den, der doppelt elend ist,
> Doppelt mit Erquickung[1] füllest;
> Ach, ich bin des Treibens müde!
> Was soll all die Qual und Lust?
> Süßer Friede,
> Komm, ach komm in meine Brust!
>
> (aus: Der Neue Conrady: Das große deutsche Gedichtbuch von den Anfängen bis zur Gegenwart. Neu hrsg. und aktualisiert von Karl Otto Conrady. Düsseldorf u. a.: Artemis & Winkler 2000, S. 278.)
>
> ---
> [1] Erquickung = Erfrischung

Schritt 2:

Ordne Buchstaben zu.

> **Johann Wolfgang von Goethe:**
> **Der du von dem Himmel bist**
>
> Der du von dem Himmel bist,
> Alles Leid und Schmerzen stillest,
> Den, der doppelt elend ist,
> Doppelt mit Erquickung füllest;
> Ach, ich bin des Treibens müde!
> Was soll all die Qual und Lust?
> Süßer Friede,
> Komm, ach komm in meine Brust!
>
> (aus: Der Neue Conrady: Das große deutsche Gedichtbuch von den Anfängen bis zur Gegenwart. Neu hrsg. und aktualisiert von Karl Otto Conrady. Düsseldorf u. a.: Artemis & Winkler 2000, S. 278.)

Schritt 3:

Identifiziere das Reimschema und kreuze an.

- ☐ Paarreim
- ☐ Kreuzreim
- ☐ umarmender Reim
- ☐ Haufenreim

Handwerkszeug zur Gedichtanalyse

Das Reimschema erkennen: Übung

Niveaustufe Basic

Bestimme das Reimschema der folgenden Gedichtstrophen.
Gehe in den drei Schritten vor:

1. Reimwörter markieren
2. Kleinbuchstaben anbringen
3. Reimschema identifizieren

Conrad Ferdinand Meyer: Zwei Segel (Auszug)

Zwei Segel erhellend
Die tiefblaue Bucht!
Zwei Segel sich schwellend
Zu ruhiger Flucht!

(aus: Sämtliche Werke: historisch-kritische Ausgabe in 15 Bänden. Conrad Ferdinand Meyer. Besorgt von Hans Zeller und Alfred Zäch, Bd. 4. Bern: Benteli 1975, S. 14.)

Das Reimschema ist:

☐ Paarreim ☐ Kreuzreim
☐ umarmender Reim ☐ Haufenreim

Wilhelm Busch: Karneval (Auszug)

Auch uns, in Ehren sei's gesagt,
Hat einst der Karneval behagt,
Besonders und zu allermeist
In einer Stadt, die München heißt.

(aus: Gesammelte Werke in sechs Bänden. Wilhelm Busch, Bd. 6. Hamburg: Xenos-Verlagsgesellschaft. 1982, S. 19.)

Das Reimschema ist:

☐ Paarreim ☐ Kreuzreim
☐ umarmender Reim ☐ Haufenreim

**Joseph Freiherr von Eichendorff:
An die Waldvögel** (Auszug)

Flog über die Felder,
Da blüht' es wie Schnee,
Und herauf durch die Wälder
Spiegelt' die See.

(aus: von Eichendorff, Joseph: Mondnacht. Die schönsten Gedichte. Göttingen: LIWI Literatur- und Wissenschaftsverlag, 2020, S. 60.)

Das Reimschema ist:

☐ Paarreim ☐ Kreuzreim
☐ umarmender Reim ☐ Haufenreim

Arbeite gemeinsam mit einer Mitschülerin oder einem Mitschüler:

▶ Besprecht euch, wie der jeweilige Reim auf euch wirkt.
▶ Schreibt gemeinsam ein kurzes Gedicht, indem ihr eines der beiden Reimschemata verwendet.

Handwerkszeug zur Gedichtanalyse

Das Reimschema erkennen: Übung

Niveaustufe Profi

Bestimme das Reimschema der folgenden Gedichtstrophen.
Gehe in den drei Schritten vor.

Johann Wolfgang von Goethe:
Zahme Xenien 5 (Auszug)

Ein reiner Reim wird wohl begehrt,
Doch den Gedanken rein zu haben,
Die edelste von allen Gaben,
Das ist mir alle Reime wert.

(aus: Johann Wolfgang von Goethe: Berliner Ausgabe. Poetische Werke [Band 1–16], Band 1, Berlin 1960 ff, S. 697.)

Das Reimschema ist:

Rainer Maria Rilke: Sonett IX (Auszug)

Mag auch die Spiegelung im Teich
oft uns verschwimmen:
Wisse das Bild.
Erst in dem Doppelbereich.
Werden die Stimmen
ewig und mild.

(aus: Rilke, Rainer Maria: Duineser Elegien / Das Marien-Leben / Requiem / Sieben Gedichte / Die Sonette an Orpheus. 4. Auflage. Berlin: Edition Holzinger 2016, S. 63.)

Das Reimschema ist:

Matthias Claudius: Abendlied (Auszug)

Der Mond ist aufgegangen
Die goldnen Sternlein prangen
Am Himmel hell und klar:
Der Wald steht schwarz und schweiget,
Und aus den Wiesen steiget
Der weiße Nebel wunderbar.

(aus: Joh. Heinr. Voß: Musen Almanach für 1779. Bonn, Hamburg: L. E. 1778, S. 185.)

Das Reimschema ist:

Arbeite gemeinsam mit einer Mitschülerin oder einem Mitschüler. Besprecht:

▶ Wie wirkt der jeweilige Reim auf euch?
▶ Schreibt gemeinsam ein kurzes Gedicht, in dem ihr eines der beiden Reimschemata verwendet.

Handwerkszeug zur Gedichtanalyse

Das Versmaß bestimmen: Infoblatt

für alle

Beim Vorlesen muss man auf die Betonung der einzelnen Silben achten.
Bei Gedichten ist die Betonung besonders wichtig!

Ergänze den folgenden Merksatz:

Die Art und Weise, wie sich _____ und _____ Silben in einem _____ abwechseln, bezeichnet man als Versmaß. Dieses wird auch _____ genannt und beeinflusst durch Rhythmus und Struktur die Art, wie wir das Gedicht _____. Dadurch wirkt es sich besonders stark auf die _____ aus, die das Gedicht erzeugt.

> Vers ⭨ betonte ⭨ Stimmung ⭨ Metrum ⭨ unbetonte ⭨ lesen

Arbeite gemeinsam mit einer Mitschülerin oder einem Mitschüler.
▸ Deckt das rechte Gedicht ab.
▸ Lest euch das Gedicht auf der linken Seite mit Flüsterstimme vor.
▸ Markiert dabei die betonten Silben wie in der ersten Zeile.

> Eine Betonung wird auch Hebung genannte, eine unbetonte Silbe auch Senkung.

Gottfried August Bürger: Lenore (Auszug)

Der Kö́nig únd die Káiserin,
Des lángen Háders mǘde,
Erweichten ihren harten Sinn,
Und machten endlich Friede;
Und jedes Heer, mit Sing und Sang,
Mit Paukenschlag und Kling und Klang,
Geschmückt mit grünen Reisern,
Zog heim zu seinen Häusern.

Gottfried August Bürger: Lenore (Auszug)

Der Kö́nig únd die Káiserin,
Des lángen Háders mǘde,
Er wéichten íhren hárten Sínn,
Und máchten éndlich Fríede;
Und jédes Héer, mit Síng und Sáng,
Mit Páukenschlág und Klíng und Kláng,
Geschmückt mit grünen Réisern,
Zog héim zu séinen Háusern.

(aus: Der Neue Conrady: Das große deutsche Gedichtbuch von den Anfängen bis zur Gegenwart. Neu hrsg. und aktualisiert von Karl Otto Conrady. Düsseldorf u. a.: Artemis & Winkler 2000, S. 264.)

Oft reicht es, das Metrum der ersten Verse eines Gedichts zu bestimmen, da es meistens im ganzen Gedicht gleichbleibt. Es gibt im Deutschen zwei häufige Betonungsarten:

1. Der **Jambus** besteht aus zwei Silben, wobei die erste unbetont und die zweite betont ist. Der Jambus wird schematisch so dargestellt:

   Verstánd   Ersátz
   x x́   x x́

2. Der **Trochäus** besteht auch aus zwei Silben, wobei die erste betont und die zweite unbetont ist. Der Trochäus wird schematisch so dargestellt:

   Váter   fréundlich
   x́ x   x́ x

Handwerkszeug zur Gedichtanalyse

Das Versmaß bestimmen: Übung

Niveaustufe Basic

Markiere in den einzelnen Strophen die betonten Silben. Bestimme das Metrum.

Karl Rudolf Tanner: Nachtgang (Auszug)

Ich wandle in der Stille,
Bergüber geht mein Lauf;
Der Nachthauch trägt der Grille
Einsames Lied herauf.

(aus: Heimathliche Bilder und Lieder. Ausgabe letzter Hand, vermehrt und vermindert. Karl Rudolf Tanner. Zürich: Verlag Rainer Zeller 1846, S. 56.)

Joseph von Eichendorff: Wünschelrute

Schläft ein Lied in allen Dingen,
Die da träumen fort und fort,
Und die Welt hebt an zu singen,
Triffst du nur das Zauberwort.

(aus: Der Neue Conrady: Das große deutsche Gedichtbuch von den Anfängen bis zur Gegenwart. Neu hrsg. und aktualisiert von Karl Otto Conrady. Düsseldorf u.a.: Artemis & Winkler 2000, S. 393.)

Handwerkszeug zur Gedichtanalyse

Das Versmaß bestimmen: Übung

Niveaustufe Profi

Bestimme das Metrum.

Friedrich Schiller: Die Kraniche des Ibykus (1. Strophe)

Zum Kampf der Wagen und Gesänge,
Der auf Corinthus Landesenge
Der Griechen Stämme froh vereint,
Zog Ibycus[1], der Götterfreund.
Ihm schenkte des Gesanges Gabe,
Der Lieder süßen Mund Apoll[2],
So wandert er, an leichtem Stabe,
Aus Rhegium, des Gottes voll.

(aus: Der Neue Conrady: Das große deutsche Gedichtbuch von den Anfängen bis zur Gegenwart. Neu hrsg. und aktualisiert von Karl Otto Conrady. Düsseldorf u.a.: Artemis & Winkler 2000, S. 318.)

---

[1] Ibycus war ein griechischer Dichter und lebte um die Mitte des 6. Jahrhunderts v. Chr. Laut einer Grabinschrift wurde er auf dem Weg zu den Isthmischen Spielen von Räubern ermordet.
[2] Apoll = der Gott des Lichts in der griechischen und römischen Mythologie

---

Johann Wolfgang von Goethe: Meeresstille (Auszug)

Tiefe Stille herrscht im Wasser,
Ohne Regung ruht das Meer,
Und bekümmert sieht der Schiffer
Glatte Fläche rings umher.

(aus: Der Neue Conrady: Das große deutsche Gedichtbuch von den Anfängen bis zur Gegenwart. Neu hrsg. und aktualisiert von Karl Otto Conrady. Düsseldorf u.a.: Artemis & Winkler 2000., S. 285.)

Arbeit gemeinsam mit einer Mitschülerin oder einem Mitschüler. Bestimmt das Versmaß der folgenden Gedichte:
- Matthias Claudius: Abendlied
- Rainer Maria Rilke: Der Panther
- zusätzlich: Bestimmt das Metrum der Deutschen Nationalhymne.

🎧 Die Gedichttexte finden sich im digitalen Zusatzmaterial.

Handwerkszeug zur Gedichtanalyse

Übersicht über wichtige rhetorische Stilmittel

für alle

Rhetorische Stilmittel findest du nicht nur in Gedichten, sondern auch in der Alltagssprache. Auch die Werbung macht sie sich zunutze.

Stilmittel	Erklärung	Beispiel
Alliteration	Mehrere Wörter in einem Satz oder benachbarte Wörter beginnen mit demselben Laut.	**g**ang und **g**äbe **H**and aufs **H**erz **L**and und **L**eute **M**ilch **m**acht **m**üde **M**änner **m**unter.
Anapher	Eines (oder mehrere Wörter) werden an einem Satz-, Strophen- oder Versanfang wiederholt.	**Aufgestanden** ist er, welcher lange schlief, **Aufgestanden** unten aus Gewölben tief. (Georg Heym: Der Krieg)
Antithese	Inhalte, Sätze oder Satzteile werden absichtlich gegenübergestellt, damit beide Aussagen klarer erscheinen.	Auf den **süßen** Anfang folgt ein **bitteres** Ende.
Ellipse	Ein Wort oder mehrere Wörter in einem Satz werden ausgelassen.	Erst die Arbeit, dann das Vergnügen. (Das Verb fehlt.)
Hyperbel	Eine Hyperbel ist eine besonders starke Übertreibung.	Der Mann war groß wie ein Haus.
Inversion	Hier wird die gewohnte grammatische Reihenfolge in einem Satz absichtlich vertauscht oder umgekehrt.	Das war lustig nicht.
Ironie	Eine Aussage besagt das Gegenteil von dem, was sie eigentlich meint.	Du hast ja eine **schöne** Grippe!
Klimax	Die Klimax ist eine stufenartige Steigerung vom schwächeren zum stärkeren Ausdruck.	mein Freund, mein Engel, mein Gott (Friedrich Schiller: Die Räuber)
Kontrast	Gegenüberstellung von Wörtern, die im Kontrast zueinander stehen	Himmel und Hölle
Litotes	Stilfigur der doppelten Verneinung oder der Verneinung des Gegenteils	Das Spiel haben sie **nicht unverdient** verloren.
Metapher	Ein Wort (oder eine Wortgruppe) wird aus seinem eigentlichen Bedeutungszusammenhang in einen anderen übertragen. Dabei wird nicht direkt verglichen. Im Deutschen spricht man davon, dass etwas „im übertragenen Sinn" zu verstehen ist.	**Wüstenschiff** statt Kamel **Mimose** (Metapher für einen überempfindlichen Menschen) **jemandem das Herz brechen**
Neologismus	ein neu geschaffenes Wort Neologismen werden nur eine gewisse Zeit als neu empfunden.	Heute übliche Wörter wie **Blog**, **googeln** oder **Podcast** waren früher Neologismen.
Onomatopoesie	Lautmalerei; dabei werden Wörter gebildet, die ähnlich klingen wie Töne/Geräusche.	**klappern, klirren, rauschen** Laut platzte der Ballon. **Peng!**
Oxymoron	Das Oxymoron verbindet zwei gegensätzliche Begriffe miteinander, die meistens unmittelbar aufeinander folgen.	Hassliebe, offenes Geheimnis
Parallelismus	Zwei (oder mehrere) Sätze haben dieselbe Struktur, also dieselbe Abfolge von Satzgliedern. Zusätzliche wörtliche Wiederholungen können vorkommen, sind aber nicht notwendig.	**Das Schiffchen fliegt, der Webstuhl kracht.** (Heinrich Heine)
Personifikation oder Personifizierung	Dingen oder Tieren werden menschliche Eigenschaften zugewiesen.	Der Himmel **weint**, die Sonne **lacht**. Die Zeit **rennt** davon.
rhetorische Frage	eine Frage, auf die keine Antwort erwartet wird	Wollen wir nicht alle Sieger sein?
Vergleich	Ein Vergleich verbindet sonst zusammenhanglose Wörter mit einem Vergleichswort („wie").	Schwer beladen **wie** Schiffe zogen die Kamele zur Oase.

Handwerkszeug zur Gedichtanalyse

Rhetorische Mittel zuordnen

Niveaustufe: Basic

Übertrage die folgende Tabelle ins Heft. Ordne die einzelnen Formulierungen den entsprechenden rhetorischen Mitteln zu.

Metapher	Alliteration	Anapher
...	...	...
Ellipse	**Klimax**	**Hyperbel**
...	...	...

- Je früher, desto besser.
- aus allen Wolken fallen
- Ich liebe das Windsurfen auf Seen, Meeren und Ozeanen.
- wallende Wogen
- Ende gut, alles gut.
- Milch macht müde Männer munter.
- O Täler weit, o Höhen, o schöner, grüner Wald.
- Ein Mann, groß wie ein Haus.
- jemandem das Herz brechen
- todmüde
- blitzschnell

Handwerkszeug zur Gedichtanalyse

Rhetorische Mittel zuordnen

Niveaustufe: Profi

Übertrage die folgende Tabelle ins Heft. Ordne die einzelnen Formulierungen den entsprechenden rhetorischen Mitteln zu.

Metapher	Alliteration	Anapher
...	...	...
Ellipse	**Klimax**	**Hyperbel**
...	...	...

- wie Sand am Meer
- Tränenmeer
- Mauer des Schweigens
- Hand aufs Herz
- Schneckentempo
- Sie ist hübsch, attraktiv, außerordentlich schön.
- Brautkleid bleibt Brautkleid.
- Wegen ihr gehe ich ungern zur Schule. Wegen ihr habe ich schlechte Noten. Wegen ihr drehe ich eine Ehrenrunde.
- Ich arbeite fleißig. Jeden Schultag, jede Schulwoche, jedes Schuljahr.
- dünn wie eine Bohnenstange
- Erst die Arbeit, dann das Vergnügen.

Arbeite gemeinsam mit einer Mitschülerin oder einem Mitschüler. Findet für jedes Stilmittel ein weiteres Beispiel. Entweder überlegt ihr euch diese selbst oder ihr sucht in ...
- anderen Gedichten,
- der Werbung oder
- Reden berühmter Persönlichkeiten.

Handwerkszeug zur Gedichtanalyse

Rhetorische Mittel identifizieren

Niveaustufe Basic

Identifiziere in den folgenden beiden Gedichten die rhetorischen Stilmittel. Notiere dazu die entsprechenden Buchstaben in den Kästchen.

> AL für Alliteration
> AN für Anapher
> PE für Personifikation
> I für Inversion
> K für Kontrast
> O für Oxymoron

Heinrich Heine: Sie saßen und tranken am Teetisch (Auszug)

Sie saßen und tranken am Teetisch,
Und sprachen von Liebe viel.
Die Herren waren ästhetisch,
Die Damen von zartem Gefühl.

Die Liebe muß sein platonisch,
Der dürre Hofrat sprach.
Die Hofrätin lächelt ironisch,
Und dennoch seufzet sie: Ach!

Der Domherr öffnet den Mund weit:
Die Liebe sei nicht zu roh,
Sie schadet sonst der Gesundheit.
Das Fräulein lispelt: Wie so?

Die Gräfin spricht wehmütig:
Die Liebe ist eine Passion[1]!
Und präsentieret gütig
Die Tasse dem Herrn Baron.

(aus: Heine, Heinrich: Buch der Lieder. Berlin: Edition Holzinger 2016, S. 83.)

---

[1] Passion: leidenschaftliche Hingabe oder Neigung

Conrad Ferdinand Meyer: Zwei Segel

Zwei Segel erhellend
Die tiefblaue Bucht!
Zwei Segel sich schwellend
Zur ruhiger Flucht!

Wie eins in den Winden
Sich wölbt und bewegt,
Wird auch das Empfinden
Des anderen erregt.

Begehrt eins zu hasten,
Das andre geht schnell,
Verlangt eins zu rasten,
Ruht auch sein Gesell.

(aus: Sämtliche Werke. Historisch-kritische Ausgabe in 15 Bänden. Conrad Ferdinand Meyer. Besorgt von Hans Zeller und Alfred Zäch, Bd. 4. Bern: Benteli 1975, S. 14.)

Besprich dich mit einer Mitschülerin oder einem Mitschüler.

▶ Welche Wirkung haben die einzelnen Stilmittel in diesen beiden Gedichten?

Handwerkszeug zur Gedichtanalyse

Rhetorische Mittel identifizieren

Niveaustufe: Profi

Identifiziere in den folgenden beiden Gedichten die rhetorischen Stilmittel. Notiere dazu die entsprechenden Buchstaben in den Kästchen.

AN für Anapher
PE für Personifikation
M für Metapher
H für Hyperbel
KL für Klimax
O für Oxymoron
rF für rhetorische Frage
PA für Parallelismus

Georg Weerth: Das Hungerlied (Auszug)

Verehrter Herr und König,
Weißt du die schlimme Geschicht?
Am Montag aßen wir wenig,
Und am Dienstag aßen wir nicht.

Und am Mittwoch mussten wir darben,
Und am Donnerstag litten wir Not;
Und ach, am Freitag starben
Wir fast den Hungertod!

(aus: Der Neue Conrady: Das große deutsche Gedichtbuch von den Anfängen bis zur Gegenwart. Neu hrsg. und aktualisiert von Karl Otto Conrady. Düsseldorf u. a.: Artemis & Winkler 2000, S. 474.)

Johann Wolfgang von Goethe: Willkommen und Abschied (Auszug)

Es schlug mein Herz, geschwind, zu Pferde!
Es war getan fast eh gedacht.
Der Abend wiegte schon die Erde,
Und an den Bergen hing die Nacht;
Schon stand im Nebelkleid die Eiche
Ein aufgetürmter Riese, da,
Wo Finsternis aus dem Gesträuche
Mit hundert schwarzen Augen sah.

(aus: Goethe, Johann Wolfgang von: Gedichte. Ausgabe letzter Hand 1827. 4. Auflage. Berlin: Edition Holzinger 2016, S. 49.)

Besprich dich mit einer Mitschülerin oder einem Mitschüler.

▸ Welche Wirkung haben die einzelnen Stilmittel in diesen beiden Gedichten?
▸ Lest die dritte Strophe des Hungerlieds:

Drum lass am Samstag backen
Das Brot fein säuberlich –
Sonst werden wir sonntags packen
Und fressen, o König, dich!

▸ Wie empfindet ihr angesichts dieser Zeilen die Anrede in Vers 1?
▸ Gibt es schon in der ersten Strophe etwas, das darauf hindeutet?

Handwerkszeug zur Gedichtanalyse

Checkliste: Gedichtinterpretation

für alle

Bei einer Gedichtinterpretation gehst du so vor:

In der **Einleitung** nennst du …
- ☐ Autorin oder Autor
- ☐ Titel
- ☐ eventuell Entstehungsjahr und Epoche
- ☐ eine knappe Inhaltsinformation

Dein **Hauptteil** sollte aus drei Abschnitten bestehen:

Inhalt

Gib hier das Thema des Gedichts und die Inhalte der einzelnen Strophen wieder. Vorsicht! Viele Schülerinnen und Schüler neigen dazu, hier bereits zu interpretieren. Lass das!

Formaler Aufbau

- ☐ Verse
- ☐ Strophen
- ☐ Reimschema
- ☐ Metrum
- ☐ eventuell Gedichtform

Interpretation

Interpretiere die einzelnen Verse.
Gehe dabei ein auf …
- ☐ rhetorische Stilmittel
- ☐ die Sprache allgemein
- ☐ falls vorhanden Bezüge zur Epoche
- ☐ Auffälligkeiten bei Wortwahl und Satzbau

Dein **Schluss** …
- ☐ fasst deine Erkenntnisse zusammen
- ☐ geht auf die Absicht des Gedichts ein
- ☐ enthält (endlich) deine persönliche Wertung

Feedback zum Gedichtvortrag

für alle

Höre gut zu, wenn dir jemand ein Gedicht vorliest oder frei vorträgt. So kannst du eine hilfreiche Rückmeldung geben. Die folgenden Aspekte und Fragen helfen dir dabei:

Verständlichkeit

- ▶ Lautstärke – Ist sie angemessen? Oder zu laut oder zu leise?
- ▶ Aussprache – Ist sie deutlich? Oder schlecht zu verstehen? Genuschelt?
- ▶ Sprechtempo – Ist es genau richtig oder zu schnell oder zu langsam?

Modulation

- ▶ Pausen – Sind die Pausen richtig platziert? Werden überhaupt Pausen gemacht?
- ▶ Variation – Werden Lautstärke, Sprechtempo und Stimme variiert?
- ▶ Betonung – Wird richtig betont? Wird überhaupt betont?

Einsatz von

- ▶ Mimik – Unterstützt die Mimik den Gedichtvortrag?
- ▶ Gestik – Unterstützt die Gestik den Gedichtvortrag?
- ▶ Blickkontakt – Sucht die Sprecherin oder der Sprecher den Blickkontakt zu dir?